EL PODER DEL AMOR

EL PODER DEL AMOR

EL MATRIMONIO NO ES PARA AGUANTARLO...
—————— ¡ES PARA DISFRUTARLO! ——————

Guillermo y Milagros Aguayo

GRUPO NELSON
Una división de Thomas Nelson Publishers
Desde 1798

NASHVILLE   DALLAS   MÉXICO DF.   RÍO DE JANEIRO

Publicado en Nashville, Tennessee, Estados Unidos de América. Grupo Nelson, Inc. es una subsidiaria que pertenece completamente a Thomas Nelson, Inc. Grupo Nelson es una marca registrada de Thomas Nelson, Inc. www.gruponelson.com

Editora en Jefe: *Graciela Lelli*

Diseño: *Grupo Nivel Uno, Inc.*

ISBN: 978-1-60255-957-8

Impreso en Estados Unidos de América

13 14 15 16 17 RRD 9 8 7 6 5 4 3 2 1

CONTENIDO

CONTENIDO

INTRODUCCIÓN

Matrimonio…

¿Qué es lo primero que piensas cuando lees u oyes esta palabra? ¿Acaso recuerdas aquella inolvidable fecha cuando dijiste emocionado (o emocionada): «¡Sí, acepto!»? ¿Quizás evoca con un temblor en tu cuerpo un lugar especial y romántico? ¡A lo mejor tu imaginación vuela y recuerda cada detalle de todos estos años junto a tu cónyuge! O quizás «matrimonio» simplemente te recuerda alguna canción…

Hay una enorme cantidad de recuerdos que asociamos al matrimonio, pero ¿qué te parece si empezamos con una canción?

Su nombre es «Love and Marriage» (Amor y matrimonio). Vio la luz el año 1955, letra de Sammy Cahn, música de Jimmy Van Heusen y la magistral interpretación es de Frank Sinatra.

¿Hay algo que la hace especial? Claro que sí.

Es impresionante la claridad con la que hace casi sesenta años se expresaban acerca del amor y el matrimonio. Era un tiempo en que tenían bien definidas todas sus ideas: *Amor y matrimonio, no se puede tener uno sin el otro.*

¿Puedes imaginar en estos tiempos que un cantante famoso construya con esta letra un *mega-hit* para la radio? Es imposible pensar que hoy por hoy alguien cante acerca de lo unidos que van el amor y el matrimonio, y que así se haga merecedor de premios por ventas. En 1956 «Love and Marriage» ganó el Emmy a la mejor contribución musical.

Pero esta canción tiene algo más detrás de sí, ¿recuerdas la serie «Matrimonio con hijos» o, «Casados con hijos»? Debes de haberla visto. Y si recuerdas la melodía de esta serie ya tienes identificada la canción «Love and Marriage»!

Pero si no la recuerdas, te contaré que esta serie se empezó a difundir en 1987. La trama giraba alrededor de una familia disfuncional que vivía en Chicago. Fue una serie que simplemente buscaba hacer reír a través de las situaciones más absurdas, y el éxito que alcanzó fue tan impresionante que se transmitieron nada menos que ¡doscientos sesenta y dos episodios! Esto la convirtió en la serie de mayor éxito de ese canal solo superada por «Los Simpson».

Ante tal realidad, las preguntas caen por su propio peso: ¿por qué el éxito de una serie así? ¿Por qué el público se ha divertido durante diez años consecutivos viendo las peripecias de una familia disfuncional? ¿Qué había en este matrimonio tan disímil que volvió «adictas» a millones de personas que no se perdían episodio?

Si hacemos una breve descripción de esta familia podremos descubrir de dónde viene esa «adicción» de los televidentes.

El padre se llamaba Al Bundy. Era un marido al que poco le importaba su familia y que se la pasaba añorando sus años en la preparatoria donde había sido todo un héroe del fútbol americano. La esposa de Al, Peggy, había sido la chica más «popular» del instituto antes de convertirse en la señora Bundy, un ama de casa holgazana y extravagante que descuidaba sin piedad a su familia y que malgastaba en caprichos el poco dinero que ganaba su marido. Luego teníamos a la hija mayor, Kelly, el estereotipo perfecto de la rubia bella y tonta, (¡su propio padre la llamaba «calabacita»!). Y finalmente estaba Bud, el hijo menor; a quien le dieron un tinte de adolescente perdedor que siempre buscaba ser atractivo de alguna forma con tal de tener suerte con una chica.

¿Qué te pareció esta descripción? ¡Sí que era una bonita familia! Después de haber visto todo este panorama nos podemos dar cuenta de que el interés de la gente siempre estará puesto en lo morboso, en lo malévolo y en todo lo malintencionado, si no ¿de qué otro modo habría podido alcanzar éxito tal una serie como esa?

Esta familia nos enseña todo lo que no debemos ser. El arraigo que tuvo fue porque la gente se identificaba con alguna situación en su vida. ¡Todos, en algún momento, hemos sido como alguno de esos personajes! Exponer las miserias de la gente se ha convertido en un negocio redondo para la televisión y el cine, y eso lo han visto claramente los productores, de ahí que ahora abunden series con familias o miembros disfuncionales.

No las voy a mencionar, pero espero que sí recuerdes o investigues cuáles son las series de TV que actualmente se están exhibiendo donde nos venden un prototipo de familia o matrimonio miserable, y habiéndolo hecho, ve si alguno de tus hijos, o todos, se están alimentando con estos perniciosos ejemplos de familia.

Abrigo la esperanza de ser alguien que, a través de este libro presente, junto con mi cónyuge, un modelo exitoso de matrimonio. Anhelo con todo el corazón que ustedes, lectores, como esposos y esposas, sean el ideal de matrimonio que sus hijos desean y necesitan. Es ahora más importante que nunca presentar a nuestra descendencia, y a todo su entorno, un estándar de matrimonio que simple y sencillamente haga que los jóvenes digan: «¡Qué fantástico debe ser casarse!».

En las páginas que siguen queremos darte, de gracia, lo que nosotros de gracia hemos recibido a lo largo de nuestros años de experiencia restaurando familias y bendiciendo generaciones.

Dios nos ha dado a los seres humanos un recurso que tiene un gran poder para transformar nuestra vida matrimonial. Y este recurso es el amor. El amor les hará conocer su matrimonio como un pacto eterno, les hará encontrar a ustedes dos un elevado propósito siendo uno y les permitirá deleitarse siendo generosos con su cónyuge. El amor les hará disfrutar de las diferencias, desatará perdón, traerá bendición y multiplicará sus graneros. El verdadero amor está en su matrimonio ¡porque ustedes mismos personifican al amor!

Tres cosas durarán para siempre: la fe, la esperanza y el amor; y la mayor de las tres es el amor. (1 Corintios 13.13)

CAPÍTULO 1

EL AMOR SOY YO

Yo era la mujer más tímida cuando estaba en el colegio. Cuando me tocaba hablar me ponía roja, tartamudeaba y me sudaban las manos. Si en ese tiempo hubiera tenido mi cabello muy largo de manera que me hubiera podido cubrir el rostro para que nadie me viera, hubiera sido feliz.

En ese tiempo me sentía tan fea e insignificante que creía que no le importaba a nadie. A la gente le costaba creer que yo era así. Ahora me dicen: «¿Realmente eras así, Milagros?». ¡Nadie lo puede creer! Porque todos me ven que soy segura, alegre, emprendedora y comunicativa, pero todo eso lo he logrado porque hubo alguien que me amó. Por eso puedo desenvolverme con gran seguridad en muchos niveles. ¡Soy como un pez en una pecera. Voy de un lado para otro con una gran seguridad, y a veces no entiendo por qué!

¿De dónde viene todo eso? ¿De dónde viene ese entusiasmo por la vida y esa libertad para ser mamá, hija, hermana y amiga? Pues eso se explica entendiendo que el que me cubre como mujer y esposa, me enseñó el poder del amor siendo amada, protegida y valorada.

Qué importante es que el esposo entienda que si él tiene el amor de Dios, la esposa tendrá un brillo incomparable, tendrá un fuego del mismo Dios en el hogar. La mujer es como la luna y el hombre es como el sol; la luna no puede brillar por sí sola. Cuando resplandece en una noche oscura es porque está reflejando el brillo del sol. ¡Guillermo es el sol y yo la luna! Y sé que puedo brillar gracias a todo su amor, cuidado y protección que él me da.

Tú, marido, tienes que hacer brillar a tu esposa dándole el amor que ella necesita. ¡Aprende a amarla! Identifícate con el verdadero amor y muéstrale a ella que ustedes dos personifican el amor.

EL PODER DEL AMOR

Vivimos en un tiempo de choque de culturas: la cultura de Dios y la cultura del enemigo de Dios; la cultura que trae vida y la cultura que trae muerte. Es un choque frontal entre la esperanza y la desesperanza. Una cultura proviene del reino de Dios y la otra proviene del reino de Satanás. Esta última tiene como bandera la maldición, la deshonra, la intolerancia, la violencia y la irresponsabilidad.

Sin embargo, la cultura de Dios, que es la que tú y yo debemos representar aquí en la tierra, es la que promueve la bendición, el amor, la honra, el interés por el prójimo, y la santidad. En el reino de los cielos el centro de la atención es nuestro Dios.

Si decides, a través del amor, desarrollar esta cultura dentro de ti y en tu entorno, hay un poder que quieres y puedes desatar en tu vida. Si optas por activar ese poder, sin duda la recompensa será que todos los que te rodean tendrán vida abundante.

El amor desea beneficiar a otros aun a expensas de sí mismo, porque el amor desea dar.[1] ¡Ese es el verdadero amor! En cambio, el amor que promueve el mundo es un amor deformado y egoísta, un amor que busca satisfacerse a sí mismo a expensas de los demás. ¡Qué gran diferencia! El amor de Dios desea satisfacer al otro a costa de sí mismo, pero el amor de este mundo desea que cada uno busque su satisfacción a costa del otro. Por eso tenemos que luchar para aprender a amar ¡pero de la forma correcta!

¿QUIÉN ES MI PRÓJIMO?

En el capítulo 10 del evangelio de Lucas, la Palabra de Dios nos dice que en la vida debemos desarrollar dos amores: el primero es amar a

Dios con toda la mente, con todo el corazón, con todas las fuerzas y con toda el alma. El segundo se refiere a amar al prójimo como se ama uno a sí mismo. Son dos amores que siempre deben estar presentes en la vida: el amor a Dios y el amor al prójimo.

En esta porción de las Escrituras, el Señor no solo nos habla sobre la existencia de estos dos amores sino que nos aclara de manera notable este concepto fundamental: «¿Quién es mi prójimo?». Todo comienza cuando un experto en la ley religiosa quiso probar a Jesús con una pregunta que dio origen al siguiente diálogo:

—Maestro, ¿qué debo hacer para heredar la vida eterna?

Jesús contestó:

—¿Qué dice la ley de Moisés? ¿Cómo la interpretas?

El hombre contestó:

—Amarás al Señor tu Dios con todo tu corazón, con toda tu alma, con toda tu fuerza y con toda tu mente y a tu prójimo como a ti mismo.

—¡Correcto! —le dijo Jesús—. ¡Haz eso y vivirás!

El hombre quería justificar sus acciones, entonces le preguntó a Jesús:

—¿Y quién es mi prójimo?

Estoy seguro que el intérprete de la ley jamás hubiera podido imaginarse que él y su evasiva pregunta iban a servir como instrumento de Dios para que Jesús nos diera una de las enseñanzas más conmovedoras sobre lo que el poder del amor puede hacer en nuestras vidas. Veamos ahora la famosa y poderosa parábola del buen samaritano.

Jesús respondió con una historia:

—Un hombre judío bajaba de Jerusalén a Jericó y fue atacado por ladrones. Le quitaron la ropa, le pegaron y lo dejaron medio muerto al costado del camino.

Un sacerdote pasó por allí de casualidad, pero cuando vio al hombre en el suelo, cruzó al otro lado del camino y siguió de largo. Un ayudante del templo pasó y lo vio allí tirado, pero también siguió de largo por el otro lado.

Entonces pasó un samaritano despreciado y, cuando vio al hombre, sintió compasión por él. Se le acercó y le alivió las heridas con vino y aceite de oliva, y se las vendó. Luego subió al hombre en su propio burro y lo llevó hasta un alojamiento, donde cuidó de él. Al día siguiente, le dio dos monedas de plata al encargado de la posada y le dijo: Cuida de este hombre. Si los gastos superan esta cantidad, te pagaré la diferencia la próxima vez que pase por aquí.

Ahora bien, ¿cuál de los tres te parece que fue el prójimo del hombre atacado por los bandidos? —preguntó Jesús. El hombre contestó:

El que mostró compasión.

Entonces Jesús le dijo:

Así es, ahora ve y haz lo mismo. (Lucas 10.30–37)

Sin duda, esta historia es hermosa, pero para entender mejor el poder del amor del samaritano, es importante aclarar el panorama sociopolítico de ese tiempo: después de la invasión de Samaria por los asirios y por razón de la mezcla de razas, técnicamente los samaritanos dejaron de ser judíos puros por lo que se desarrolló un odio entre el remanente judío que mantenía la pureza étnica y los samaritanos que, por la razón dada, la habían perdido. Con el tiempo, la desavenencia se hizo permanente surgiendo dos formas religiosas, irreconciliables entre sí. Así fue como para los judíos, la palabra y raza samaritana llegaron a ser despreciables.

¡Ya puedes imaginarte lo que significó para el experto en la ley que un samaritano fuese quien auxiliara al judío que estaba medio muerto al costado de camino!

Eso fue una bomba, que rompió por completo los esquemas de la vida de los judíos. El orgullo del interlocutor de Jesús lo seguimos viendo cuando a la pregunta de Jesús sobre cuál de los tres le parecía que había sido el prójimo no le contestó «el samaritano» sino «el que mostró compasión».

¡Qué tal definición de prójimo! Quien menos te imaginas, quien aparentemente está separado de ti por un abismo, ¡ese es tu prójimo! Aquel que está a nuestro lado y que vemos todos los días, también es nuestro prójimo. ¿Qué podemos (o debemos) hacer, entonces, ahora que hemos visto que se nos manda amar a nuestro prójimo como a nosotros mismos?

MÍ CÓNYUGE, MI PRÓJIMO; MIS SUEGROS... ¡TAMBIÉN!

Muchas veces, cuando pronunciamos la palabra prójimo estamos pensando en los más necesitados y en los más pobres. Está muy bien que estemos preocupados por este tipo de prójimo pero debemos entender que nosotros dormimos, comemos y vivimos a diario con una persona que también es prójimo y, además, ¡es nuestro cónyuge!

Si amamos a nuestro cónyuge como nos amamos a nosotros mismos, quiere decir que no lo vamos a atropellar, no lo vamos a menospreciar, no lo vamos a juzgar, no vamos a reírnos de sus debilidades ni vamos a minimizar sus deseos. Lo amaremos como si fuéramos nosotros mismos. Es en esa dimensión de amor cuando desciende la gloria que el Señor quiere para nuestra relación matrimonial.

También debemos entender que el prójimo no solo se refiere a nuestra pareja sino que también se refiere ¡a nuestros hijos! Pero... hummm... Entonces el prójimo también podría ser mi suegro y mi suegra... Eso quiere decir que la Palabra de Dios me estaría diciendo que tengo que amar a mi cónyuge como a mí mismo, a mis hijos como a mí mismo ¡y también a mis suegros como a mí mismo!

¡La Palabra es tan hermosa! Si yo amo a mis suegros, no voy a ir en contra de ellos; si amo a la gente que está a mi alrededor como me amo a mí mismo, voy a cuidarlos, valorarlos y voy a atesorar lo que ellos son;

voy a tenerlos en alta estima. Quiere decir que mi servicio hacia ellos será incondicional cuando lo necesiten. No será una obligación ni lo haré a regañadientes porque les tengo un gran amor y mi Dios me dice que tengo que amarlos como a mí mismo ¡y yo deseo lo mejor para mí!

Tenemos que implantar estos dos amores en nuestras vidas no solamente para tenerlos como una ley, sino como un mandato de nuestro Padre; por lo tanto, en amor, yo me someto a la autoridad de la Palabra y decido caminar sobre ella. Es hermoso saber que Dios solamente tiene pensamiento de bien y no de mal para nosotros.

> Pues yo sé los planes que tengo para ustedes —dice el SEÑOR—. Son planes para lo bueno y no para lo malo, para darles un futuro y una esperanza. (Jeremías 29.11)

No hace falta que recurramos a estadísticas ni a estudios de investigación para saber que existe un alto porcentaje de matrimonios que tienen a los suegros como fuente de sus disgustos. ¿Por qué pasa esto? Simplemente porque el diablo opera estratégicamente, y uno de los puntos más neurálgicos en la relación matrimonial es la relación con los padres.

Si tú eres de las personas que puede presumir que alguno de tus suegros (o quizás los dos) te quieren como a un(a) hijo(a), te felicito; esto no solo es bueno para la relación con ellos sino que ayuda enormemente a la relación con tu cónyuge. Si no es así, y más de una vez has dicho (o pensado): «¡No aguanto a mi suegro(a)!», tengo que decirte que no estás caminando bajo los preceptos de Dios porque no estás amando a tu prójimo como te amas a ti mismo.

LA TÍPICA GUERRA CON LA SUEGRA

Ya que llegamos a este punto tan controvertido y seguramente sensible para algunas parejas, déjenme empezar suavizando el terreno con una de las miles de historias jocosas que existen acerca de las suegras:

Se encuentran dos amigos y se produce el siguiente diálogo:

JUANCHO: ¿Y, Pepe, cómo te ha ido con tu suegra?
PEPE: Pues, te cuento que me trata como a Dios.
JUANCHO: ¡Caray! ¡Eres el primero que oigo hablar tan
  bien de su suegra! ¿Y cómo es eso de que te trata como a
  Dios?
PEPE: ¡Sabe que existo pero no me puede ver...!

A mí no me tienen que contar historias acerca de las batallas con
la suegra. Yo tengo mi propia historia y quiero compartirla contigo:

Cuando ella me conoció, yo no era el tipo de mujer que quería para
su hijo. Su deseo era que Guillermo, como sus otros hijos, se casara
con una estadounidense, de manera que cuando se jubilara como doc-
tora se quedara a vivir con ellos en Estados Unidos. Entonces, cuando
planeamos casarnos, de alguna manera yo estaba estropeando los planes que había elaborado para Guillermo.

Como ingrediente adicional soy peruana, no tengo un solo cabello
rubio y amo todo lo que tenga que ver con lo más profundo de mi tierra; con la sierra y los andes, donde la vida es más de campo y se comen
cosas típicas de la región. Por eso, al llegar a esta familia acomodada y
estructurada como una familia anglosajona, resulté ser de alguna
manera un estorbo porque era «lo que no estaba planeado» y «lo no
deseado». Aquel rechazo y el menosprecio, hirieron profundamente mi
corazón. Me hicieron sentir que no valía nada.

¿Qué provocó eso? Que me lo pasara llorando y reclamándole a
Dios por mi color de piel y por mi color de pelo. Le decía con amargura:
«¿Por qué no me hiciste diferente para que ellos me amen?». ¡Tenía tanto dolor por ser como era! El enemigo es despiadado, y me llevó hasta el
punto de renegar de mí misma por el rechazo que estaba sintiendo.

En mis momentos de oración le decía a Dios: «Señor ¿por qué siento tanto rechazo de parte de mi suegra? ¿Qué he hecho de malo?» Y
así, poco a poco, mi corazón también se fue endureciendo hacia ella.

Ya tendríamos un año de casados y un día que me encontraba orando cual mujer piadosa, postrada en el suelo, el Señor me dijo: *Milagros, tu oración no llega ni al techo porque hay un asunto no arreglado en tu corazón con tu prójimo.* ¡Eso era nada menos que el rechazo que yo le tenía a mi suegra producto de ese dolor que ella me había causado!

Nada justificaba que en mi corazón yo siguiera albergando la ofensa y el resentimiento. Aunque la otra persona me dañaba, yo no tenía por qué devolverle el daño.

Así, llegué a entender que si bien yo no soy culpable ni responsable del dolor que me cause mi prójimo, sí soy responsable de lo que haga con ese dolor.

Quizás te hieran de muchas maneras o te quiten muchas cosas, pero lo que nunca podemos permitir es que nos quiten la libertad y el derecho de decidir cómo reaccionamos ante ese dolor. Solo yo tengo la potestad de elegir cómo reaccionar, pero si reacciono como la persona que me está haciendo daño, me convierto en alguien igual a él o a ella.

Mi actitud ante el dolor debe ser diferente porque yo soy diferente. Me diferencia mi capacidad de amar por encima del dolor, porque Cristo vive en mí y no me permitiré hacerme uno con mi agresor, sino que me permitiré hacerme uno con el liberador: ¡mi Jesús!

EL PECADO DE OTROS NUNCA TE TIENE QUE HACER PECAR A TI

Cuando esto pasó en mi vida pude darme cuenta de que nunca el pecado de otro me puede hacer pecar a mí. Tenemos que vivir de acuerdo a la libertad de la Palabra sin importar lo que sintamos o pensemos. Nos sometemos a la autoridad del Padre celestial porque lo que Él nos pide nos llevará hacia la verdadera libertad.

Cuando el Señor y el Espíritu Santo trajeron esto a mi corazón, yo dije: «Señor, te suplico que me ayudes a mirar a mi suegra como tú la ves, que me des la capacidad de derramar amor sobre ella». A partir de entonces, cada vez que ella iba a visitarnos, mi único clamor era: «¡Señor, ayúdame a ser genuina y a poder amarla!».

Al principio de este proceso, cuando ella llamaba por teléfono, yo le contestaba con mis palabras más dulces y cariñosas: «¡Edita! ¿Cómo estás? ¡Qué bueno que nos llames!». ¿Pero les confieso algo? En ese momento yo no sentía amor, ¡sin embargo, estaba caminando hacia una verdad a la que estaba persiguiendo! Cada vez que me acercaba a ella, decía: «¡Señor, en mis fuerzas no puedo pero sé que junto a ti lo voy a lograr!». Así que empecé a caminar en amor y a hacer míos cada uno de los frutos del Espíritu.

Ya tenemos veinticinco años de casados y si hoy por hoy existe alguien que realmente me ama y me adora esa es mi suegra. Me deleito con ella y sé que ella también se deleita conmigo. Pero esa libertad la hemos podido tener porque hubo una renuncia y un sometimiento a la Palabra verdadera.

Vale la pena caminar hacia la libertad porque si delante de mi Dios yo prometí cuidar, honrar y respetar a mi cónyuge, fue para hacer eso en las buenas y en las malas.

Al casarme con Guillermo prometí amarlo, y al asumir ese compromiso extendí, sobre la base de un principio sencillo, que su mamá será siempre su mamá, y sería muy cruel de mi parte pretender separar a un hijo de su madre. Yo tengo que estar dispuesta a amar lo que él ama y valorar lo que él valora por una razón muy simple: ¡porque lo prometí!

Nuestro tercer hijo se llama Juan Guillermo, lo amo con todo mi corazón. Es un chico tierno y dulce, y mi anhelo es que se case con una mujer que tenga un corazón de acuerdo al corazón de Dios. Si yo quiero que lo cuiden, lo valoren y lo respeten, tengo que sembrar lo mismo en el fruto de otro vientre, y me refiero a mi esposo, porque todo lo que yo siembre lo cosecharé.

La Palabra de Dios dice: «No se dejen engañar: nadie puede burlarse de la justicia de Dios. Siempre se cosecha lo que se siembra»

(Gálatas 6.7). ¡Por eso, yo jamás separaría a Guillermo de su mamá! Porque no quiero que alguien venga algún día a separarme de mi hijo a quien amo con todo mi ser. Ahora me deleito viendo cómo Guillermo disfruta a su mamá, una mujer que lo ama y que lo ha protegido toda la primera etapa de su vida. ¡Cómo no voy a disfrutar viendo cómo se aman!

¿CÓMO ES EL VERDADERO AMOR EN LAS PROPIAS PALABRAS DE DIOS?

El amor es paciente y bondadoso.

El amor no es celoso ni fanfarrón ni orgulloso ni ofensivo.

No exige que las cosas se hagan a su manera.

No se irrita ni lleva un registro de las ofensas recibidas.

No se alegra de la injusticia sino que se alegra cuando la verdad triunfa.

El amor nunca se da por vencido, jamás pierde la fe, siempre tiene esperanzas y se mantiene firme en toda circunstancia. (1 Corintios 13.4–7)

¡Pablo fue realmente inspirado por el Espíritu Santo para describir de esta manera al amor! La Biblia es un gran libro de amor donde podemos encontrar la esencia de él; por ejemplo, el apóstol Juan nos dice que Dios es amor; por lo tanto, Dios es paciente, es bondadoso, no tiene envidia, no es jactancioso, no es arrogante, no se comporta indecorosamente, no busca lo suyo, no se irrita, no toma en cuenta el mal recibido, todo lo sufre, todo lo espera, todo lo cree, todo lo soporta.

¿Qué te parece lo que acabas de leer? ¿Acaso no es esta una noticia extraordinaria? ¿Te imaginas dónde estaríamos si Dios no fuera todo lo paciente que es? Para que el poder del amor sea derramado sobre nosotros y nos colme de bendiciones, debemos entender cuatro principios fundamentales:

1. El amor soy yo

Hemos sido creados a imagen y semejanza de Dios y al haber recibido a su Hijo Jesucristo como nuestro Salvador personal tenemos su sello impregnado en nuestras vidas; por lo tanto, tenemos la capacidad de reflejar a Dios.

Entonces, si Dios es amor, y nosotros tenemos la capacidad de reflejar la imagen y semejanza de Dios en nuestras vidas, eso quiere decir algo muy sencillo e importante: ¡YO SOY AMOR! Así que hagamos un pequeño ejercicio que nos permita ver nuestra verdadera identidad. Di: «¡El amor soy yo!». En cuanto puedas (y si es ahora mismo, tanto mejor), mira a tu cónyuge de cerca y dile: «¡EL AMOR SOY YO!». Si tú quieres empezar a vivir tu matrimonio de una manera agradable y saludable, tienes que adoptar como código de conducta los versículos de 1 Corintios 13.

Si tú, amada esposa de un varón de Dios, deseas pasar un día en familia y tu esposo está viendo televisión, debes aplicar lo que dice 1 Corintios 13. Si tú, varón de Dios, deseas tener un día de playa relajante, aprende a vivir y a amar como Cristo ama a la Iglesia y es incondicional. Estoy seguro que así tu vida va a cambiar.

Sin Cristo, probablemente tengas dificultades para reflejar las características de Dios que es amar y dar, pero en Cristo deberías estar en condición de hacerlo porque sin Él sería imposible hacerlo. Por lo tanto, como estás en Cristo, estás en plena capacidad de decir, y sin excusa alguna: «¡El amor soy yo!».

Es hora de que lo intentes; es hora de que estés completamente seguro de que «el amor soy yo». A continuación, utilizando las rayas que se anteponen a los versículos de 1 Corintios 13, escribe tu nombre como una forma práctica de adherir a lo que venimos diciendo:

_____ es paciente y bondadoso.

_____ no es celoso ni fanfarrón ni orgulloso ni ofensivo.

No exige que las cosas se hagan a su manera.

No se irrita ni lleva un registro de las ofensas recibidas.

No se alegra de la injusticia sino que se alegra cuando la verdad triunfa.

_____ nunca se da por vencido, jamás pierde la fe, siempre tiene esperanzas y se mantiene firme en toda circunstancia.

¿Qué te pareció? ¿No es increíble confesar «el amor soy yo»? Tienes que proponerte firmemente encarnar el amor porque es la única manera en que vas a disfrutar de tus diferencias con tu cónyuge y madurar espiritualmente. Poniendo por obra la Palabra de Dios es como vas a conseguir verdaderamente llevar tu matrimonio al altar de Dios.

Yo ya no puedo (ni debo) irritarme porque mi cónyuge hace las cosas de una forma o de otra. No puedo (ni debo) estar pensando en todo momento que ella (o él) hace lo que hace para molestarme. Ya no puedo (ni debo) darme el lujo de pensar cosas negativas acerca de mi cónyuge. Es hora de que ponga como objetivo esta porción de 1 Corintios 13, la lea a diario y diga: «¡Es allí a donde tengo que llegar!».

Cuando llegues a este nivel de entendimiento acerca de cómo funciona el amor en ti, estarás preparado para hacer tuyo este segundo principio fundamental:

2. El amor siempre va a entregar su vida para que otros vivan

Esto lo encontramos en Efesios 5.29–32:

Nadie odia su propio cuerpo, sino que lo alimenta y lo cuida tal como Cristo lo hace por la iglesia. Y nosotros somos miembros de su cuerpo.

Como dicen las Escrituras: El hombre deja a su padre y a su madre, y se une a su esposa, y los dos se convierten en uno solo. Eso es un gran misterio, pero ilustra la manera en que Cristo y la iglesia son uno.

Pablo estaba comentando esta declaración que se encuentra en el libro de Génesis: «Por eso dejará el hombre a su padre y a su madre, y se unirá a su esposa, y los dos llegarán a ser un solo cuerpo». Y se refería a esta declaración como una analogía a Cristo y a la Iglesia. Es decir, que Cristo dejó a su Padre celestial y que luego en la cruz dejó a su madre terrenal (se la entregó a Juan). De allí se unió a su mujer, que es su Iglesia, y fueron una sola carne.

Funciona en lo espiritual y funciona en lo natural. Cada uno está llamado a renunciar a su vida y a todo lo que desea para que el otro florezca. El amor es una gran experiencia de renuncia personal y quienes no estén dispuestos a vivirla no podrán lograr la verdadera y placentera experiencia de amor que el matrimonio nos da. Esta renuncia tiene que ver con el establecimiento de un orden donde cada miembro del matrimonio se sujeta al orden de Dios. En eso consiste nuestro siguiente principio.

3. La importancia de la cabeza en el matrimonio

Este tercer principio del amor lo encontramos en 1 Corintios 11:

Pero hay algo que quiero que sepan: la cabeza de todo hombre es Cristo, la cabeza de la mujer es el hombre, y la cabeza de Cristo es Dios. [...] El hombre no debería ponerse nada sobre la cabeza cuando adora a Dios, porque el hombre fue hecho a la imagen de Dios y refleja la gloria de Dios. Y la mujer refleja la gloria del hombre. Pues el primer hombre no provino de ninguna mujer, sino que la primera mujer provino de un hombre. Y el hombre no fue hecho para la mujer, sino que la mujer fue hecha para el hombre. (vv. 3, 7–9)

Aquí hay un versículo increíblemente poderoso en cuanto al poder del amor: Pablo habla al hombre y a la mujer casados y les hace la declaración del versículo 3. Allí explica que el hombre se sujeta a Cristo y que la mujer casada debe sujetarse a su marido así como Cristo se sujeta a Dios.

El que se sujeta da respeto, honra y admiración, pero el que cubre debe dar amor, guarda y protección. Dios le proveyó a Cristo todo lo necesario para que Cristo cumpliera con todo su potencial. Y lo hizo por amor, lo que deja en evidencia el poder del amor. Luego Cristo, que es la cabeza del hombre, ha provisto a este, por amor, todo lo que necesita para desarrollar su potencial.

Entonces, el marido debe poder proveer todo lo necesario para que su esposa también desarrolle todo su potencial. El que está sujeto provee honra, pero el que cubre provee amor. Y el poder del amor provee todos los elementos necesarios para que el que se sujeta desarrolle todo su potencial.

Para entenderlo mejor podemos decir que nuestros hijos están sujetos a nosotros. El deber de ellos es obedecernos. ¿Y cuál es el nuestro, los padres? Proveer lo necesario para que ellos desarrollen todo su potencial.

Hoy día, el concepto de sujeción y de cabeza está tan desvirtuado en la relación matrimonial que el hombre ha llegado a pensar que es la esposa sujeta la que debe proveerle a él todo lo que necesita para que desarrolle su potencial ¡cuando es al revés! El que es cabeza provee al que está sujeto y se deleita cuando ve que el que está sujeto desarrolla todo su potencial.

¿Qué sucede cuando leemos que el esposo es la gloria de Dios y que la esposa es la gloria de aquél? La connotación de gloria aquí es de reflejo. El hombre es reflejo de Dios, ha sido creado a semejanza de Él, a su vez, la mujer debe reflejar todo lo que el marido le ha provisto, entonces es lógico que la esposa no refleje lo que el marido no le provee. Con un orden bíblico en nuestro matrimonio, nuestros corazones estarán más que dispuestos en arraigar el cuarto principio del poder del amor:

4. El amor es el precursor de la venida de Cristo

Pues Herodes había arrestado y encarcelado a Juan como un favor para su esposa, Herodías (ex esposa de Felipe, el hermano de Herodes). Juan venía diciendo a Herodes: Es contra la ley de Dios que te cases con ella. Herodes quería matar a Juan pero temía que se produjera un disturbio, porque toda la gente creía que Juan era un profeta. (Mateo 14.3–5)

Juan era como una lámpara que ardía y brillaba, y ustedes se entusiasmaron con su mensaje durante un tiempo. (Juan 5.35)

Juan era una lámpara que ardía y alumbraba. Apareció en escena declarando: «¡Arrepentíos, porque el reino de los cielos se ha acercado!». Algunos lo aceptaban, otros lo seguían, otros lo criticaban, pero el poder del amor que residía en él era impresionante. No podía tolerar que lo que Dios había creado, como la familia y el matrimonio, se desvirtuaran y atropellaran de esa manera, menos aun por personas que estaban en autoridad. Audaz y valientemente, Juan se dirige a Herodes y, con el poder del amor, le dice: «¡No te es lícito esa relación! ¡Dios la prohíbe y la condena! ¡Esa relación está fuera de la ley y Dios jamás te lo va a permitir!». Él sabía que su propósito era preparar el camino para quien llegaría después; por eso, como precursor de la llegada de Jesucristo, no tuvo reparos en decir algunas cosas que le iban a costar la vida. ¿Estuvo el problema en que dijo: «¡Arrepiéntanse!» o que haya gritado: «¡El reino de Dios ha llegado!»? ¡No! El único problema que provocó Juan fue defender lo creado por Dios: el matrimonio y la familia. Eso fue lo que literalmente le costó la cabeza.

El poder del amor debe hacer que nuestro testimonio refleje ante el mundo el cuidado y la protección que existe por el matrimonio y la familia. Tú, por este poder del amor, deberías ser el principal defensor de estas instituciones que han sostenido a nuestra sociedad desde las civilizaciones más antiguas. No obstante, hay un enemigo que está levantando una de las más grandes cruzadas mundiales para derrumbar a la familia, y consiste en la deformación y distorsión de lo que verdaderamente debe ser una familia y/o un matrimonio.

El mundo está cambiando todos los sistemas que puede para llegar a este nefasto objetivo; hablamos de sistemas educativos, leyes, formas de convivencia y muchos aspectos más de nuestra vida. Por ejemplo, en estos últimos años, el matrimonio entre dos personas del mismo sexo ya ha sido aprobado en once países: Holanda (2001), Bélgica (2003); España y Canadá (2005); Sudáfrica (2006); Noruega y Suecia (2009); Portugal, Islandia y Argentina (2010); Dinamarca (2012).

¿Cuál es el panorama ante esta creciente tendencia de deformar lo que significa el matrimonio? ¿Podremos ser precursores de la venida de Cristo ante esta alarmante situación? Definitivamente será muy difícil; sin embargo, hay una verdad que es irrefutable, inexorable y que no se puede soslayar: Cristo viene, y Él está listo con su rastrillo para separar el trigo de la paja. Luego, limpiará la zona donde se trilla y juntará el trigo en su granero, pero quemará la paja en un fuego interminable (Lucas 3.17).

Habiendo identificado estos principios nacidos del poder del amor, deseamos invitarte a realizar un hermoso viaje a través del cual descubriremos todo lo que puede desatar en nuestra vida el poder del verdadero amor. Empecemos descubriendo cómo el poder del amor desata el poder de un pacto.

CAPÍTULO 2

EL PODER DEL AMOR DESATA EL PODER DE UN PACTO

Vívidamente podemos recordar el día en que fuimos a una ceremonia matrimonial y vimos cómo el celebrante empezaba a declarar las promesas que cada uno de los novios debía hacer. Se dirigía, primero, a él: «¿Prometes amarla, honrarla, respetarla y cuidarla todos los días de tu vida; en las buenas y en las malas, en la salud y en la enfermedad, en la riqueza y en la pobreza; y, asimismo, cuidar de los hijos que Dios les dé e instruirlos en una vida de integridad? ¿Lo prometes?».

Luego, continuaba con ella, diciéndole exactamente lo mismo. Por supuesto, ambos pronunciaron un resuelto: «¡Sí, prometo!» que todos los asistentes a la boda pudieron escuchar y aplaudir. Esa tarde de abril ambos, delante de muchos testigos hicieron una promesa, sellando de esta manera un pacto.

Pero la pregunta que no paraba de rebullir en nuestros corazones era: ¿realmente se habrán dado cuenta de la dimensión de esa promesa? O mejor aun, ¿sabrán qué es una promesa y para que sirve realmente?

La ceremonia de matrimonio terminaba. Pasaban los años y ellos no habían sido fieles a su pacto: se separaban. Así como ellos, hay muchas personas que a diario se casan y recitan largas promesas que hasta ellos mismos diseñan «para que la boda sea más bonita» pero no se dan cuenta del gran compromiso que están adquiriendo con la otra persona.

¿De qué se trata todo esto?

EL MATRIMONIO ES UN PACTO

No podemos empezar a hablar del matrimonio si no definimos una palabra clave. Tú debes de haberla escuchado muchas veces y quizás nunca te hayas preocupado en abrir un diccionario para saber qué significa, y lo más probable es que creas conocer su significado por lo que has escuchado o leído. Esta palabra es «Pacto».

La palabra «pacto» viene del latín *pactum* y según el diccionario de la Real Academia Española significa «concierto o tratado entre dos o más partes que se comprometen a cumplir lo estipulado».

Adentrémonos un poco más en el significado de pacto y definamos lo que es un pacto en el contexto matrimonial: es un acuerdo absolutamente solemne y unilateral. ¿Unilateral? Así es, tal como lo leíste: unilateral. ¿Pero no acabo de leer que el diccionario dice que es un tratado entre dos o más partes? Así es, pero teniendo en cuenta el contexto del matrimonio, eso descarta lo de «dos o más partes», así que solo se reduce a dos.

«Muy bien, pero si el pacto matrimonial es entre dos personas ¿dónde entra la unilateralidad?». Esa es una pregunta que constantemente se hacen todas las personas que tratan el tema del pacto matrimonial, así que permíteme abordar este tema en detalle.

EL MATRIMONIO ES UNA RELACIÓN UNILATERAL, NO BILATERAL

Un pacto es el acuerdo más solemne que los seres humanos pueden conocer. La sociedad occidental cambió completamente el significado que pacto tenía en el Medio Oriente por el que significa contrato. ¿Cuál es la diferencia entre pacto y contrato?

Un pacto es un acuerdo solemne, unilateral, una promesa que solo puede ser rota mediante la muerte física. Un pacto dice: «Yo mantendré mi palabra y haré lo que dije, independientemente de que tú hagas o no hagas tu parte».

Un contrato es un acuerdo bilateral que está condicionado totalmente con el cumplimiento de cada parte, y puede ser roto si cualquiera no cumple su parte en el contrato. Un contrato dice: «Si tú cumples tu parte en el acuerdo, yo también cumpliré mi parte; pero si tú no mantienes tu palabra, yo no estaré obligado a mantener la mía».[1]

Es importante que entendamos que la relación matrimonial no es una relación bilateral, sino unilateral. ¿A qué nos referimos? A que en esta relación unilateral va a depender de que cada cónyuge dé lo necesario para seguir manteniendo esa relación, indistintamente de cuál sea el comportamiento de la otra persona.

Esa es la relación que tenemos con Cristo: Él, unilateralmente, decidió amarme aun siendo yo pecador. Hizo una decisión y murió por mí, estableciendo una relación con nosotros, pero no cualquier relación, sino una muy especial: una relación de pacto.

No podemos imaginarnos a Jesucristo conversando con el Padre y diciéndole: «Hoy he visto que él no oró, así que las promesas que tenía para él ya no están disponibles, lo siento». Tú y yo sabemos que ese no es el proceder de Jesús, ya que Él hizo una decisión, sacrificándose por nosotros; por eso, aunque nosotros seamos infieles, él siempre permanecerá fiel. ¿No es maravillosa esta relación?

¿Cómo vemos normalmente el matrimonio? Sin darnos cuenta, al vivir en este mundo postmoderno, los conceptos de la verdad establecidos por la Palabra se han ido diluyendo cada vez más. Quizás nuestros abuelos y nuestros padres pudieron defender un poco más la moral y los valores, porque en esa sociedad había un nivel de entendimiento que hacía posible sostener la verdad. Pero en este mundo postmoderno eso casi ya no existe. Ahora, la verdad es relativa. Nos dicen: «Tú tienes tu verdad, yo tengo mi verdad; yo respeto tu verdad, tú respeta la mía».

Esta mentalidad (y hablo a nivel mundial) se ha ido imponiendo poco a poco, y nosotros, la Iglesia, hemos ido diluyendo el verdadero significado de la Palabra de Dios. Ya no la valoramos como un absoluto, sino que la minimizamos, la racionalizamos y, de acuerdo a nuestros conceptos, le damos a la verdad un valor relativo. ¡Es terriblemente impresionante la forma en que el mundo va «evolucionando»!

Y es con base en esa manera de pensar que el matrimonio deja de ser un pacto para toda la vida y pasa a convertirse en un contrato que eventualmente podría tener término, dependiendo de las circunstancias que se presenten. Quiere decir que si nos unimos en matrimonio y la otra parte no cumple todo lo que yo espero, yo estaría en la libertad de romper ese «contrato» matrimonial. Porque para mi razonamiento, para lo que yo entiendo sobre el matrimonio, este no tiene nada que ver con un pacto eterno, sino que se asemeja más a un contrato hecho por dos empresas sobre la base del criterio que ya hemos enunciado: «Si tú no cumples tu parte ¡no pretendas que yo cumpla la mía! ¡Esto se acaba ahora mismo!». El matrimonio no es un juego, ¡es un pacto de sangre! Por eso es que cuando dos personas se unen en el matrimonio y tienen su primera noche de intimidad sexual, hay derramamiento de sangre. ¿Qué quiere decir esto? Que al casarnos y sellar el pacto matrimonial hicimos una promesa que no tiene final, que no tiene una línea de tiempo que nos diga hasta aquí no más llegamos. Esta relación de pacto sin duda tendrá un gran poder delante de Dios, pero dependerá de nuestro fiel cumplimiento a cada palabra que prometimos el día de nuestro matrimonio para que esta unión tenga poder en Dios.

Hay familias que viven todo el tiempo en hambruna y parece que nada les saliera bien. Van a la iglesia, alaban al Señor, pero las cosas les siguen resultando mal. Hay parejas preciosas que no tienen una buena relación con sus hijos, y nosotros nos preguntamos ¿qué pasa con ellos si son tan buenos? Pero la pregunta que debemos contestar es: ¿por qué hay muerte en mi vida familiar?

Es probable que esté faltando o fallando al pacto que hice.

Cuando entramos al pacto matrimonial hay una serie de promesas que nos hacemos mutuamente, pero debemos entender que esas promesas son incondicionales; es decir, que en ningún momento tenemos que reclamar a nuestro cónyuge si es que él (o ella) no cumple su parte. Nosotros hemos decidido entrar a un pacto de modo unilateral y yo cumplo mi parte sin mirar si tú estás cumpliendo o no la tuya.

Yo te amo, te respeto, te sirvo y te acompaño en todo momento porque a eso me comprometí el día que nos casamos. Estamos completamente seguros que el día de tu boda, estimado caballero, en ningún momento dijiste algo así como:

«Yo, te tomo como esposa, y prometo amarte, honrarte y respetarte todos los días de mi vida SOLO SI ESTÁS DE BUEN HUMOR, SI NO GRITAS Y SI SABES CONTROLAR TUS ENOJOS».

Asimismo, mujer de Dios, cuando hiciste tu promesa delante del celebrante, en ningún momento condicionaste a tu Romeo para decirle que lo ibas a respetar y a honrar solo si llegaba siempre temprano del trabajo y si durante toda la vida de casados jamás dejaría tirada la ropa en cualquier lugar de la casa...

No dudes en buscar a tu cónyuge y preguntarle, amorosamente: «Cariño, ¿recuerdas lo que me prometiste cuando nos casamos?». Y después de ello hazle la gran pregunta: «¿No crees que deberías cumplir con todo aquello?». Es una pregunta que, sin ninguna duda, nos pone en compromiso a todos, ¡pero quiero que sepas que tu cónyuge tiene todo el derecho de preguntar lo mismo, así que no te sorprendas con la devolución de la pregunta!

¿Notas por qué el pacto al que entraste es unilateral?

UN PACTO PARA TODA LA VIDA

Jesús respondió:

¿No han leído las Escrituras? Allí está escrito que, desde el principio, Dios los hizo hombre y mujer, y agregó: Esto explica por qué el hombre deja a su padre y a su madre, y se une a su esposa, y los dos se convierten en uno solo. Como ya no son dos sino uno, que nadie separe lo que Dios ha unido. (Mateo 19.4–6)

Una de las primeras cosas que debemos aprender para que nuestra vida matrimonial pueda elevarse a nuevos y armoniosos niveles es sacar de nuestro vocabulario la palabra divorcio. A lo largo de los años, en cientos de consejerías nos hemos encontrado con el mismo problema que nosotros también teníamos en nuestros primeros años de casados. Cada vez que uno de los cónyuges explotaba en ira salía la típica frase de combate: «¡Ya no aguanto más, quiero el divorcio!».

Quizás tú pienses: *Pero esa es una frase que se dice sin pensar... no creo que haya problema.* Sin embargo, el problema viene precisamente porque decimos esa frase sin pensar en el efecto que tiene en nuestro matrimonio. Vociferar pidiendo el divorcio inevitablemente traerá una réplica desafiante que siga izando la temeraria bandera de la separación. Nada bueno puede salir después de un comentario así; lo único que logramos es que ambos piensen en el divorcio como una posibilidad —aunque sea remota— de solución, y el divorcio nunca será la solución, ¡siempre será el problema!

Debemos volver a poner en vigencia el valor del pacto en el matrimonio. Se les debe enseñar a los novios la verdadera dimensión de las promesas que van a declarar el día de su boda. Tenemos que decir ¡basta! a la mediocridad con que esta generación está abordando el pacto matrimonial.

Te animamos a que separes un tiempo con tu cónyuge y revises esa grabación que debes tener bien guardada de tu matrimonio (si tienes que desempolvar tu casete de VHS, no te sientas en la era de las cavernas, ¡nosotros ya lo pasamos a un DVD!). Fíjate especialmente en el momento de las promesas. Recuerden juntos las palabras que se dijeron mutuamente y piensen por un momento si están cumpliendo con todo lo dicho. Si no es así, es hora de unir fuerzas y que esa sinergia potencie y levante su matrimonio hacia esos niveles que Dios desea para ustedes.

Recuerdo que cuando me casé con Guillermo yo no tenía muy claro este concepto; por eso, constantemente le decía que sería mejor si nos divorciábamos ya que yo deseaba estar sola (la realidad es que no quería crecer). Yo veía tantas diferencias en nuestra vida que preferí huir, pero a pesar de mi posición de querer terminar con todo, Guillermo era inconmovible.

Debo confesar que me sorprendía esa actitud. Guillermo no se inmutaba ante mis amenazas y solo se limitaba a decirme: «Milagros, esto es un pacto para toda la vida, es imposible que terminemos. Prometimos amarnos, respetarnos, y cuidarnos en tiempos de salud y enfermedad; por eso, el divorcio no es una opción; es imposible pensar en eso. Recuerda que ¡hicimos un pacto!».

En ese momento yo lo miraba y con mucha cólera le decía: «¡No puedes obligarme a estar casada!». Él seguía imperturbable y me decía: «Milagros, hemos pactado delante de Dios y eso es para siempre».

Nunca en nuestra vida de casados, ni aun en las peores peleas, Guillermo consideró el divorcio como una alternativa, ¡ni siquiera ha pronunciado alguna vez la palabra divorcio en nuestras conversaciones! En mi caso, provengo de una familia donde todos son divorciados, entonces es lógico que eso para mí siempre haya sido una opción, ¡pero nunca pensé que eso haya sido tan marcado!

Pero el Señor siempre tiene planes perfectos, así que gracias a Guillermo y a su pasión por lo correcto yo enderecé mis pensamientos y poco a poco aprendí a luchar por mi matrimonio. Ahora que veo lo fiel que ha sido Dios con mi familia, quiero decirles a todas las familias que no dejen de luchar, de creer ni de soñar.

EL PODER DEL PACTO

La manera de enfrentar las presiones externas y aun las internas es entendiendo algunos principios relativos al significado del pacto:

1. El matrimonio es un pacto que debemos mantener hasta que la muerte nos separe

La sociedad poco a poco ha ido asociando al matrimonio con un contrato. Muchos de los matrimonios que vemos actualmente terminan en poco tiempo porque no entienden que están dando su palabra para sostener una relación de por vida. ¡A algunos les resulta tan fácil dejar de lado las promesas que hicieron delante de Dios y de cientos de testigos!

Cuando las cosas se ponen difíciles, es muy fácil tener el pensamiento: *¡Esto no va más; esto se tiene que terminar! ¡Tengo que pensar en mí! ¡De ninguna manera voy a vivir sufriendo el resto de mi vida!* Y pensamos que cambiando de pareja las cosas se van a solucionar.

Los problemas matrimoniales siempre existirán, nadie está ni estará exento de eso, pero analicemos de dónde vienen los problemas y las diferencias: ¡vienen de dos vidas individuales, cada una con problemas personales, que llegan al matrimonio con sus mochilas cargadas de preocupaciones y estrés!

¿Tiene sentido? ¡Claro que tiene sentido! Hemos vivido miles de cosas a lo largo de nuestra niñez y nuestra juventud, y la mayoría de nuestras actitudes están determinadas por la forma como nosotros hemos tenido esas vivencias. ¿Y dónde ha ocurrido todo esto? ¡Pues en el seno familiar! Así que la manera de reaccionar de nuestros padres a diferentes estímulos —lo creamos o no— es la misma manera que nosotros probablemente utilicemos ante una circunstancia similar.

El matrimonio es para los valientes, y solo ellos son capaces —a pesar de las circunstancias personales— de defender su pacto hasta que la muerte los separe.

Amados lectores, el verdadero amor, el gran poder del amor, se sostiene en nuestra responsabilidad de asumir el pacto hasta que la muerte nos separe. Ese mismo amor incondicional con que nuestro Padre nos ama es el mismo que nos llevará a amar sin condiciones a nuestro cónyuge; pero si no le permitimos a Él que haga su obra en nuestros corazones, será imposible encontrar el gran poder del amor.

2. El pacto es un lugar de intercambio

Tenemos como ejemplo a Dios, quien prometió en el Génesis que de la simiente de la mujer vendría el Salvador, que iba a ser herido en el calcañar, pero que Él iba a pisar la cabeza de quien había venido para destruirle. ¡Y Dios lo cumplió!

La cruz es el lugar del intercambio, donde puedo venir con mis pecados e intercambiarlos por la santidad de Jesús, donde puedo venir con mis tristezas e intercambiarlas por su gozo, donde puedo venir con mis enfermedades e intercambiarlas por su sanidad. De igual forma, el pacto matrimonial es un lugar de intercambio, donde mis fortalezas van a cubrir tus debilidades, y donde tus fortalezas van a cubrir mis debilidades.

Miremos las Escrituras en 1 Corintios 7.4: «La esposa le da la autoridad sobre su cuerpo a su marido, y el esposo le da la autoridad sobre su cuerpo a su esposa». ¡Es sencillamente impresionante!

Es tan fuerte el intercambio dentro del pacto matrimonial que incluso intercambiamos nuestros cuerpos. ¡Aprende a gozar de tu pacto como un lugar de intercambio!

3. En un pacto, nuestra palabra es nuestra garantía

En Eclesiastés 5.4–5, la Palabra nos dice: «Cuando le hagas una promesa a Dios, no tardes en cumplirla, porque a Dios no le agradan los necios. Cumple todas las promesas que le hagas. Es mejor no decir nada que hacer promesas y no cumplirlas».

Caballeros, el doctor Edwin Louis Cole, quien hizo una gran tarea levantando la verdadera hombría, decía que nuestra palabra es nuestra garantía, así que algo que podemos repetirnos a diario cuando las cosas se pongan algo difíciles es: «Yo prometí, yo cumpliré». El día que empieces a faltarle a tus promesas, ese día empezarán los problemas y empezará la escasez en tu matrimonio.

Estimadas damas: yo prometí, yo cumpliré, también aplica perfectamente para ustedes. Si hay alguien en el matrimonio que sin duda demandará el cumplimiento de la palabra empeñada el día de la boda serán ustedes. ¡Es lo usual! Así que, querida lectora, recuerda que habrá una gran responsabilidad en el cumplimiento de lo que se está demandando.

CADA UNO DE NOSOTROS TIENE UN ROL IMPORTANTÍSIMO EN EL PACTO

El matrimonio fue creado por Dios para reflejarle al mundo la relación de Cristo y la Iglesia. ¿Cómo hizo Cristo? Simplemente se entregó a sí mismo, fue hasta la cruz y entregó su vida por la Iglesia. ¡Ese es el modelo a seguir! El hombre tiene que darse a sí mismo, tiene que entregarse por el bienestar de su esposa.

¿Y qué hace la Iglesia? ¿Te has preguntado alguna vez por qué el diablo ataca tanto a los matrimonios? La respuesta es porque quiere sacar de la faz de la tierra la imagen de Cristo y la Iglesia. No hay mejor enseñanza que ver a un hombre protegiendo, amando, cuidando y sirviendo a su esposa. Asimismo, no hay mejor ejemplo que ver a una esposa amando, respetando y honrando a su esposo, siguiéndolo y sometiéndose a su autoridad.

Algunas personas me dicen: «¡Milagros, parece que estuvieras más a favor de ellos!»; y lo único que les respondo es: «¡Yo estoy a favor de la Palabra!». Tenemos que reconocerlo: Dios le dio al hombre una posición a la que ninguna mujer debe aspirar. El hombre es la cabeza del hogar, y al hombre se le respeta, se le honra, se le valora y se le admira. Ese es el modelo de Dios; de nada me va a servir estar 100 horas continuas arrodillada si con mi comportamiento no voy a reflejar el modelo de Dios. Eso es lo que decía el doctor Edwin Louis Cole en su famosa frase: «Una onza de obediencia vale más que una tonelada de oración».[2]

El matrimonio es el reflejo de la relación de Cristo y de la Iglesia, y el diablo lo que quiere hacer es dividirnos a los esposos para que este reflejo desaparezca. Esto provocaría que la siguiente generación no tenga un modelo que seguir, o peor aun, tendría un modelo deformado, entonces nuestras futuras generaciones no harían otra cosa que renegar del modelo bíblico.

El enemigo está lanzando un modelo de familia que no solamente se está proyectando en los programas de televisión, sino que se están dando leyes a nivel mundial para poder levantar este modelo deformado propuesto por hombres y mujeres que están totalmente opuestos a los modelos de Dios.

Nuestros hijos tienen que amar el matrimonio y la familia, tienen que soñar con casarse ¿sabes por qué? Porque tú les mostraste el modelo. Me fascina ver cuando hablas con un hijo de un hogar bien constituido y le preguntas: «¿Qué vas a hacer cuando seas grande?». Y de inmediato te responde: ¡casarme!

Pero cuando hablas con un hijo de un hogar disfuncional, donde durante años el maltrato y el abuso han sido constantes, y le preguntas qué tiene pensado hacer cuando sea grande, la respuesta siempre es la misma: «¡A mí no me hables de casarme y tener hijos!». Esto sencillamente es porque hay un gran rastro de amargura en su corazón y una idea totalmente deformada de lo que significa un pacto matrimonial.

TENEMOS UN DIOS DE PACTOS

Fíjense qué importante para Dios es el pacto. Antiguamente, cuando dos pueblos iban a entrar en pacto, no solamente abrían por el medio al mejor becerro, sino que caminaban sobre la sangre caliente para que todos sus sentidos estuvieran impregnados del olor y de lo caliente de la sangre; y si nosotros como jefes y líderes hacíamos un pacto, aun nuestros hijos respetaban el pacto que nosotros habíamos realizado.

Cuando Él hace el pacto de salvación, tiene que haber un cordero que sea molido y abatido por nuestros pecados y rebeliones, y es a través de la sangre de ese cordero que nosotros podemos sellar ese pacto de salvación. ¿Qué promete Dios en ese pacto de salvación? Que todas sus fortalezas van a cubrir nuestras debilidades. Esas promesas se encuentran en la Palabra de Dios para todos aquellos que hemos sellado el pacto de salvación, que lo realizamos por medio del cordero que es Jesucristo.

Recuerda que dijimos que cuando una pareja sella su pacto matrimonial, hay un intercambio. Yo voy a cubrir con mis fortalezas las debilidades de Guillermo, y él va a cubrir mis debilidades con sus fortalezas. Por eso yo ya no puedo hablar acerca de «mis deudas» porque son «nuestras deudas», tampoco puedo hablar de «mis ahorros» porque son «nuestros ahorros».

El pacto es un lugar de intercambio donde yo ya no puedo decir es un asunto mío y de mis hijos, son nuestros hijos y nuestro hogar. El día que yo tengo algún problema, yo sé que en realidad «tenemos» un problema, y estoy totalmente segura que para Guillermo la vida funciona de la misma manera. Cuando a Guillermo le duele algo, ¡nos duele! Porque todo es ya una unidad y somos una sola carne ante los ojos del Señor.

¡Ya no puedo hablar como soltera! Antes yo era Milagros Jáuregui, y cuando hice pacto matrimonial, mi estado civil cambió. Nadie sabe que yo soy Milagros Jáuregui, porque con mucha honra yo soy para todo el mundo Milagros Aguayo. ¿Por qué? Porque Guillermo, al hacer pacto conmigo, me cubrió con su identidad, y al cubrirme me puede dar un lugar seguro para la descendencia que Dios nos ha dado.

Por eso, el consejo permanente para los hombres es que cuiden muy bien su nombre porque con su nombre ustedes cubrirán a esa mujer de su pacto y cubrirán a la descendencia santa que Dios les da por heredad. A ninguna mujer le gusta estar cubierta por el nombre de un estafador, de un mentiroso, de un adúltero o de un borracho. Una mujer se siente digna y segura cuando es cubierta por un buen nombre.

A los jóvenes de nuestra congregación les enseñamos desde la adolescencia que cuiden bien su nombre porque algún día ellos harán pacto y cubrirán a esa mujer con su identidad. Por eso, hombres de Dios, ¡más les vale tener un buen nombre para que ellas se sientan honradas!

EL PACTO DE NOÉ

Sigamos hablando del pacto e imaginémonos el tiempo en que el gran diluvio azotó la tierra. Ya había parado de llover y Noé estaba buscando un lugar seco para poder bajar del arca. Finalmente lo encontró y Dios hizo un pacto con la humanidad a través de Noé.

Sí, yo confirmo mi pacto con ustedes. Nunca más las aguas de un diluvio matarán a todas las criaturas vivientes; nunca más un diluvio destruirá la tierra.

Entonces Dios dijo: Les doy una señal de mi pacto con ustedes y con todas las criaturas vivientes, para todas las generaciones futuras. He puesto mi arco iris en las nubes. Esa es la señal de mi pacto con ustedes y con toda la tierra. (Génesis 9.11–13)

Noé estaba completamente aliviado, ¡había sobrevivido a un diluvio! Dios le había prometido que nunca más destruiría la tierra y le puso en el cielo un radiante y colorido arco iris para sellar ese pacto. Él sabía que la palabra empeñada por Dios era definitiva, pero al fin y al cabo Noé era un hombre y en su humanidad le costaba ser parte del pacto que estaba sosteniendo la humanidad con Dios.

Ahora, Noé respiraba tranquilo, ¡después de todo Dios había hecho una promesa! Pero... ¿puedes imaginarte la sensación de Noé cuando, de pronto, las primeras gotas empezaban a asomar en el cielo y se avecinaba una nueva lluvia? Quizás los nervios empezaban a recorrer su cuerpo pensando: *¡No, otra vez no...!*. Pero de pronto, Noé alzó la mirada y vio en el cielo un hermoso arco iris.

Ahora, una sensación de inmensa tranquilidad invadió todo su ser y exclamó: «¡Ah.... claro... ese arco iris es la señal del pacto que mi buen Dios hizo con nosotros...! ¡Él nunca volverá a enviar un diluvio sobre nosotros...!».

LOS PACTOS TRASCIENDEN GENERACIONES

Durante el reinado de David hubo tres años consecutivos de hambre. David le pidió ayuda al Señor, y él le contestó: «Esto sucede porque Saúl y su sanguinaria familia asesinaron a los gabaonitas». (2 Samuel 21.1, nvi)

Si aún no has leído el episodio bíblico del pacto de los gabaonitas con Josué, ¡déjame sorprenderte con la forma en que el pacto es asombrosamente respetado por el pueblo de Dios!

David se encuentra en un momento de su reinado donde se viven años de hambruna y escasez, donde nada sale bien, donde hay pobreza, dolor y necesidad. Las Escrituras dicen que David le consultó a Dios y le preguntó: «Señor ¿por qué está pasando todo esto?». Y el Señor le dijo: «Es por causa de los gabaonitas».

En ese tiempo, los gabaonitas, que provenían de los amorreos, hicieron un pacto con Israel, pero era tanto el celo de Saúl que trató de exterminarlos, lo que quiere decir que Saúl había roto el pacto.

En el libro de Jueces vemos que Dios le da una responsabilidad a Josué antes de entrar a la tierra prometida. ¿Cuál era esta responsabilidad? Tomar posesión de todo lo que Dios le había dado. Es más, en la mayoría de los casos, Dios le dice a Josué: «Ve, toma posesión y destruye todo». Y eso es lo que Josué empieza a hacer, va ganando los territorios y va derrotando enemigos.

En el capítulo 8 de Josué podemos ver que los gabaonitas (recuerden que eran amorreos, digamos que de lo más alejados del pueblo de Dios), al notar que Josué y su ejército estaban avanzando y derrotando, se pusieron ropa vieja, zapatos viejos, cogieron pan que estaba endurecido y lleno de moho, se acercaron a Josué y le dijeron: «Josué, venimos de muy lejos, mira nuestra ropa y nuestro calzado, mira el pan que tenemos, hemos caminado durante muchos días ¡pero sabemos que Dios está contigo y por eso queremos hacer un pacto con ustedes! Y si algún día ustedes llegan donde están nuestras lejanas tierras, nosotros te vamos a defender. Y si algún día nosotros llegamos cerca a ti, tú nos defenderás. Entonces... ¡Hagamos un pacto!».

La Palabra de Dios dice que Josué, sin consultarlo con alguien, hizo un pacto con los gabaonitas. Pasó un corto tiempo y se dio cuenta que los amorreos vivían «a la vuelta de la esquina», así que no le quedó otra cosa que decir «No los podemos tocar, porque hice un pacto con ellos y les prometí delante de Dios que no los iba a tocar. Es más, les dije que los iba a defender». Pasó el tiempo y después de Josué vinieron los Jueces, luego Israel pidió rey, y Saúl en su celo empezó a destruir a todo lo que estaba a su paso, incluyendo a los gabaonitas.

Pasaron los años, pasó Saúl, y llegó el momento que leímos líneas arriba, donde podemos ver la escasez en el reinado de David. Él se preguntó: «¿Qué pasa?». Y lo que sucedía era que Saúl y su sanguinaria familia habían asesinado a los gabaonitas. Si lees toda la historia, te enterarás que para resarcirse de ese error, David fue donde los gabaonitas y les preguntó: «¿Cómo puedo hacer para solucionar esto?». Los gabaonitas pidieron a los hijos de Saúl, por eso David se los entregó y los gabaonitas los mataron.

Estoy seguro de que después de esta historia bíblica has podido darte cuenta de lo fuerte que es para Dios el significado de un pacto. ¡Cuán firme es Dios para hacer que lo que hemos prometido delante de él, lo cumplamos! Porque si no lo cumplimos, ¡que no nos extrañe que estemos viviendo en la escasez! El día que te casaste, se dio origen a un pacto: el pacto matrimonial, donde le prometiste a quien ahora es tu cónyuge (y viceversa), delante de muchos familiares y amigos como testigos, varias cosas que estoy seguro las debes de recordar.

Lo que necesitas hacer para enfrentar los diferentes ataques a los que está sometido tu matrimonio es cumplir con las promesas que le hiciste a tu esposo(a) cuando entraste en pacto con él (ella).

Hay personas que suelen decir: «¡Un momento! ¡Cuando nos casamos nosotros no éramos cristianos!». Estas personas tienen que saber algo: igual el Señor hará que cumplas con ese pacto. ¡Tú lo prometiste!

EL PACTO DA VIDA A LA RELACIÓN DE UNA SOLA CARNE Y DA MUERTE A LA VIDA INDIVIDUAL

En la boda, después que hicieras esas promesas extraordinarias de amar, cuidar y respetar, algo ocurrió. Por lo general, luego de los votos matrimoniales ¿Qué viene? El intercambio de los anillos o de las alianzas.

¡Abre los ojos! Tal vez no viste el verdadero panorama de lo que estabas haciendo el día que te estabas casando. Es lógico, la mayoría de los novios están pensando en ese momento en la noche de bodas, en la luna de miel (¡que el celebrante termine rápido con la ceremonia por favor...!), en las fotografías, en si llegó la tía Susanita, en la fastuosa recepción que hemos organizado y en muchas cosas más.

¿Qué nos trae esto como consecuencia? Que nosotros digamos una ráfaga de «Sí, acepto», que inmediatamente después nos traigan los aros y que nos los pongamos muy rápidamente y que miremos pasar nuestra ceremonia matrimonial como si fuera una estrella fugaz por el cielo.

Recuerdo haber ido a un matrimonio de una pareja que creía en Dios «a su manera» (una clásica pareja que solamente se acordaba de Dios alguno que otro domingo o cuando tenían que ir al matrimonio de un amigo). Allí el celebrante, además de las típicas promesas, preguntó a los novios: «¿Están dispuestos a educar a sus hijos en los valores cristianos e invertir tiempo para que tengan un conocimiento profundo del amor de Dios?».

¡Guao, qué pregunta! ¡Y qué respuesta! Los novios dijeron «¡Sí!» al unísono, de forma, automática, inmediata y robótica. Apenas escuchamos eso, nos miramos con Milagros y supimos lo que estaba pensando cada uno de nosotros: *¿En verdad se habrán dado cuenta los novios del compromiso que significa comprometerse a educar a sus hijos en los valores cristianos? ¿Sabrán invertir tiempo en leerles la Palabra de Dios cada día, enseñarles a orar y bendecirlos en todo momento?*

Presumimos las respuestas y eso nos contristó. Es típico en los matrimonios de ahora no saber lo que prometen, pero más delicado aun es ignorar que con esas promesas estamos dando muerte a la vida individual. Estos novios, próximos flamantes esposos, tendrán un matrimonio sólido a medida que entiendan que esto se trata de una renuncia personal. La felicidad de un matrimonio es directamente proporcional a la capacidad de ambos de dejar a un lado la vida individual.

Muchos aspectos puntuales de nuestra vida tienen que ser cambiados cuando asumimos nuestras promesas de bodas: las relaciones con los amigos (especialmente con las del sexo opuesto), la forma de administrar «mi» dinero, ciertas costumbres que traemos de nuestra familia que quizás no sean tan «normales» para nuestro cónyuge, nuestros horarios de levantarnos y acostarnos, la forma cómo enfrentamos los quehaceres domésticos y un sinfín de cosas que vamos añadiendo a medida que nos vamos integrando como una sola carne.

El mismo poder del amor que nos hace entender la verdadera dimensión del pacto es el que también nos hará encontrar el norte en nuestro matrimonio. ¡Es un hecho! Si el pacto se entiende, el propósito se encuentra. Oramos para que Dios le dé dirección a tu matrimonio y juntos encuentren el camino al que está destinado el pacto que hiciste. ¡El poder del amor tiene cada vez más para ustedes!

CAPÍTULO 3

EL PODER DEL AMOR
DESATA PROPÓSITO

Un hombre de cierta edad vino a la clínica donde yo trabajo para hacerse curar una herida en la mano. Tenía bastante prisa, y mientras le curaba le pregunté: «¿Qué es eso tan urgente que tiene que hacer?». Me dijo que tenía que ir a una residencia de ancianos para desayunar con su mujer que vivía allí. Me contó que llevaba algún tiempo en ese lugar porque ella tenía un alzheimer muy avanzado.

Mientras terminaba de curarle la herida le pregunté si ella se alarmaría en caso de que él llegara tarde esa mañana. Y me dijo: «No creo, ella ya no sabe quién soy. Hace ya casi cinco años que no me reconoce». Entonces le pregunté extrañado: «¿Y si ya no sabe quién eres, por qué esa necesidad de estar con ella todas las mañanas?». Me sonrió, y dándome una palmadita en la mano, me dijo: «Ella no sabe quién soy yo, pero yo todavía sé muy bien quién es ella».

Indudablemente el poder del pacto en este matrimonio estuvo mucho más allá de las circunstancias. Este hombre no requería sentirse amado, correspondido y atendido para cumplir con su parte. ¡Su propósito trascendía su autosatisfacción! Cuando descubrimos y escribimos en nuestro corazón nuestra responsabilidad en el pacto, el poder del amor está listo para desatar en nuestras vidas un propósito que llevará a nuestro matrimonio a experimentar nuevos y buenos vientos de esperanza y amor.

Antes de pretender descubrir cuál es el propósito divino de nuestro matrimonio y cómo es desatado este por el poder del amor, empecemos definiendo la palabra «propósito».

Según el diccionario, la palabra *propósito* viene del latín *propositum* y significa: «Objeto, mira, cosa que se pretende conseguir». Por lo tanto, si estamos hablando del propósito para nuestro matrimonio, debemos preguntarnos: «¿Qué cosa pretendemos conseguir con esta unión de dos vidas totalmente distintas?».

«Yo me casé para ser feliz» es una de las más clásicas respuestas de la gente, y esa misma respuesta es la que muchos cristianos esgrimen cuando se les pregunta: «¿Cuál crees que es el propósito de Dios para tu matrimonio?».

LOS PROPÓSITOS DE DIOS PARA EL MATRIMONIO

Estimado esposo/querida esposa: usted(es) debe(n) saber que el poder del amor desatará innumerables propósitos (y todos ellos buenos) a través de nuestro matrimonio. Madurar, honrar, bendecir, corregir, testificar, amar, son solo algunos de los verbos que se involucran en el hallazgo de nuestro propósito. Pero en esta oportunidad hemos seleccionado tres propósitos fundamentales a los que debemos apuntar junto a nuestro cónyuge para tener un matrimonio a la medida de Dios.

Propósito # 1: que madures espiritualmente[1]

Tal como lo lees. Si estabas creyendo que el primer y más glorioso propósito del matrimonio es que seas feliz como mencionábamos anteriormente, permítenos decirte que estás completamente equivocado. El matrimonio tiene como primer objetivo hacernos madurar espiritualmente. El proceso de madurez nunca va a ser fácil, siempre será un desafío, tanto para el hombre como para la mujer.

No es fácil porque lo que más nos frustra de nuestro(a) esposo(a) es lo que nos lleva a fluir en amor, misericordia, mansedumbre y bondad. Dios nos ama tanto que puso en nuestro camino a la persona con quien elegimos casarnos para que eso nos permita madurar y ser como Él.

En realidad, el matrimonio es una experiencia de humildad donde a lo largo de las horas del día tú estás experimentando diferentes oportunidades para que ocurra una de dos cosas: que te levante el orgullo o que reine la humildad.

Uno de los grandes errores que los matrimonios cometen hoy en día es que siempre están viviendo en el futuro, siempre pendientes de lo que van a hacer: «Bueno, ahora mismo hay tensiones, pero cuando haya una mejor economía eso va a pasar». «Cuando logremos comprar esa casa, esto va a terminar». «Cuando los hijos terminen el colegio, ahí vamos a poder trabajar en nuestra vida matrimonial». «Bueno, cuando entren a la universidad, ahí será nuestro momento».

Eso no nos deja trabajar en el ahora, en el día a día que es donde Dios nos hará madurar espiritualmente. Y así, siempre estamos pensando en el «allá» y nunca en el «acá». ¿Y sabes una cosa? Dios no está en el futuro, Dios está en el presente. Lo más importante en la vida no es el lugar de llegada, es la jornada, lo que vamos viviendo día a día. Aprende a disfrutar la jornada, de lo contrario será allí donde encuentres heridas y desilusiones.

Cuando entendemos la dulzura que viene de parte de Dios de querer ayudarnos con ese deseo de nuestros corazones, de ser más como Él, y cuando valoramos que nos haya dado una pareja ideal para que a través de esta relación matrimonial yo me pueda convertir más como Él, entonces yo voy a disfrutar a cada momento de Él. De este modo voy a disfrutar las oportunidades que Dios me da de ser más humilde, de que se forme mi carácter, y el mayor beneficiado va a ser mi cónyuge, porque más bienaventurado es dar que recibir. Cuanta más vida podamos dar, más felices seremos.

Así podemos empezar a disfrutar y a gozar esta experiencia de humildad que Dios nos quiere regalar en la vida matrimonial; y al ser

más como Él, podemos hacer más cosas por Él ¿no lo crees? ¡Es
maravilloso!

¿Ser o no ser? ¡Allí no hay dilema!

La gente siempre está pensando que el éxito en la vida siempre está
en el tener, en lo externo; y hay toda una corriente de pensamiento que
dice: «Siete pasos para tener una vida exitosa», «Claves para conseguir la
prosperidad», y al estar dentro de esta corriente de pensamiento, empezamos a poner nuestra confianza más en el tener que en el ser. Pero si no
somos grandes por dentro, si no somos primero algo, esas «siete claves»
o esos «siete pasos» no nos van a llevar a la felicidad. ¡Necesitamos «ser»
antes que otra cosa, ser como Cristo, ser como Dios quiere que seamos!

Esta transformación en mi «ser» me hará entender que mi enemigo
no es mi cónyuge, sino que mi enemigo es el diablo, el divorcio y la
pobreza. Mi enemigo es todo lo que esté afuera haciéndonos daño, ¡mi
compañero de pacto jamás debe ser mi enemigo! No puedo confundir-
me de enemigo, no debo estar peleando con él sino unirme a él y los
dos juntos, como una sola carne, poder vencer al enemigo que está
afuera. ¡Pero mi cónyuge no es mi enemigo!

Dios ve a ambos cónyuges como uno, y el éxito de todo matrimonio radica en tener una gran humildad para morir a todo lo que cada
uno somos, de manera que le demos vida al concepto de una sola carne. ¡Esa es la esencia del matrimonio! Morir a mí mismo para hacer
fluir esta vida de una sola carne, para que sea fuerte y poderosa, para
que pueda conquistar, para que pueda traer todo lo maravilloso que
hay en los cielos aquí en la tierra. ¡Por eso es tan importante que el
matrimonio sea uno en espíritu alma y cuerpo!

Cuando tú eres uno con tu cónyuge en espíritu alma y cuerpo no hay
nadie que te pueda robar nada. Ni siquiera el pensamiento o la idea del
divorcio es una alternativa ¡porque ustedes son uno! Pero si ambos siempre van a vivir defendiendo su propia independencia y no van a querer
fusionarse, entonces el divorcio siempre será una alternativa (¿recuerdas
que hablábamos de sacar esta palabra de nuestro vocabulario?).

Lo que tenemos que lograr es la capacidad de poder estar desnudos en espíritu, alma y cuerpo, eso nunca será una tarea fácil pero definitivamente es posible. El área más difícil de lograr la desnudez en la vida matrimonial es en el alma, allí encontramos a nuestras emociones, intelecto, sentimientos, dolores, anhelos, sueños y deseos.

Hay cosas que ni siquiera las queremos compartir. Empezamos a cubrirnos y levantamos autodefensas, grandes murallas y pensamos: *De esto no le voy a hablar porque él se va a burlar. Esto no le voy a compartir porque ella me va a criticar. Esto no creo que a él (ella) le interese en lo más mínimo.* Cubrimos nuestro corazón por temor y por vergüenza, y al no descubrirnos inmediatamente empieza la división que tanto daña al matrimonio.

Puede ser que tu corazón esté quebrado de dolor por una necesidad de un pariente tuyo y tú ni siquiera se lo comentas a tu cónyuge porque piensas que no le importa, que te va a criticar o que traerá juicio sobre todo lo que le digas. Entonces nos hemos acostumbrado a acostarnos teniendo desnudez física, vamos a la iglesia y podemos tener desnudez espiritual, es decir, somos uno en el espíritu. ¿Pero en el alma? ¿Qué hay de los sentimientos, las emociones y todo lo que hay dentro de ti? Allí tenemos un gran divorcio como resultado de que no luchamos para que esta unión de una sola carne pueda vivir uniendo permanentemente las tres áreas que hemos visto.

Propósito # 2: testificar de Cristo

Cuando entendemos que el segundo propósito de la vida matrimonial es testificar de Cristo, todo cambia. ¿Acaso no queremos testificar de ese Dios poderoso? ¿No es cierto que anhelamos que a través de nuestras vidas, nuestras palabras y nuestras acciones la gente se acerque a los pies de Dios? ¡Eso es el matrimonio!

Hubo un primer modelo que Dios puso en la tierra que serviría de arquetipo para las siguientes generaciones. Ese modelo estaba conformado por Adán y Eva. Sin embargo, ese modelo fracasó por la desobediencia de ambos. La ruptura de la directa y hermosa relación de la primera pareja con Dios trajo maldición a toda su descendencia.

No obstante, llegó el segundo Adán para recomponer las cosas. Jesucristo llegó para entregar la vida por su novia, la Iglesia, y volver a edificar un exitoso modelo de matrimonio. Dios quiere enseñarle al mundo cuál es el modelo que pueda representar la dinámica entre Cristo y la Iglesia; es decir, cómo Cristo ama a la Iglesia incondicionalmente y cómo la Iglesia se rinde a los pies de Cristo totalmente. Y en esa perspectiva es que debes ver tu matrimonio.

Tenemos una gran responsabilidad el día de hoy delante de Dios de realizar nuestro papel de esposo o esposa conforme lo enseña la Palabra de Dios. ¿Por qué? Porque al hacerlo, el mundo va a conocer la verdad, nuestro entorno más cercano va a conocer la verdad. Nuestros vecinos y nuestra familia definitivamente se van a dar cuenta cómo está nuestro matrimonio y lo primero que van a exclamar será: «¡Guao, aquí hay algo diferente! ¡En este matrimonio yo puedo ver a Dios!».

¡Ese es el deseo de Dios! ¡Para eso creó Dios el matrimonio y por eso tenemos una gran responsabilidad! No únicamente de madurar espiritualmente, sino también de saber testificar de su amor.

¿Querías ser más como Cristo? ¡Dios te hizo madurar! ¿Querías testificar de Cristo? ¡Dios te dio el matrimonio!

Recuerda que no solamente testificas de Cristo si te paras en la calle y recitas versículos bíblicos, sino que Dios te ha dado tu matrimonio para que a través de él seas un testimonio vivo de su gran amor.

Para testificar de Cristo debemos edificar altares y tender tiendas

Cuando Abraham fue llamado por el Señor para ser el padre de las naciones, le fue prometida una tierra a él y a su descendencia. Dice la Biblia que Abraham «edificó» allí un altar al Señor y después «tendió» su tienda.

Si escudriñamos la Palabra y vemos un poco más allá de lo que literalmente podemos encontrar, notamos que al «edificar» un altar, lo que estaba haciendo Abraham era fabricar, hacer un edificio o mandarlo a construir; y por otro lado, en lo que respecta a la tienda, dice la Biblia que la «tendió». «Tender» significa «echar por el suelo algo, esparciéndolo».

Veamos el texto en Génesis 12.7–8 (RVA):

> Y apareció Jehová á Abram, y le dijo: A tu simiente daré esta tierra. Y edificó allí un altar á Jehová, que le había aparecido.
>
> Y pasóse de allí a un monte al oriente de Bethel, y tendió su tienda, teniendo a Bethel al occidente y Hai al oriente: y edificó allí altar á Jehová e invocó el nombre de Jehová.

¡La Palabra de Dios nos ha hecho encontrar cuál debe ser nuestra ubicación espiritual y la condición de nuestro corazón para poder testificar de Cristo a los demás!

Edificar altares y tender tiendas

¿Qué significa esto? Vamos por partes: edificar altares significa que nuestra relación con Dios debe ser prioridad en nuestra vida, de modo que los altares de oración y estrecha comunión con Él se edifiquen; es decir, se construyan sólidamente. Por eso, las preguntas que inmediatamente debemos contestar son: ¿cuánto tiempo pasas en oración diariamente intercediendo por los demás, especialmente por tu cónyuge? ¿Cuánto tiempo dedicas a interceder junto a tu cónyuge por tus necesidades y por las de los demás?

Edificar altares implica que invirtamos tiempo en la lectura de la Palabra, especialmente como pareja. Hay muchas personas que nos han dicho: «¡Pero yo leo mi Biblia todos los días!». Eso está muy bien, pero aquí el asunto es: ¿compartiste con tu cónyuge lo que Dios te habló? Una fe individual hace que un matrimonio avance a buen paso, pero si a eso le agregamos una próspera vida de fe en común ¡no habrá obstáculos que nos puedan detener como esposos!

Por otro lado, «tender tiendas» nos habla de una edificación temporal, donde las tiendas en nuestra vida representan todo lo que es menos importante, pero que lamentablemente se está convirtiendo en la prioridad de los matrimonios hoy en día.

Nos referimos a los bienes materiales, las distracciones como Internet y los compromisos sociales, el afán desmedido por escalar posiciones en lo profesional y tantas otras cosas que se están llevando lo mejor de nuestras vidas y de nuestros matrimonios.

Nos deja sin palabras cómo muchos de nuestros amigos han conseguido prominentes puestos de trabajo gracias a títulos, maestrías y especializaciones que les han demandado una impresionante cantidad de tiempo, talento y tesoros. No deja de asombrarnos cómo el mundo es cada vez más competitivo y cómo esto crea un ambiente de ferocidad profesional donde «yo soy más si estoy más preparado». ¡Es impresionante! Pero ¿cuánto tiempo permanecemos en la presencia de Dios?

Si nuestras prioridades personales están en orden, ese mismo orden será transmitido a nuestro matrimonio y finalmente eso nos dejará en inmejorables condiciones para ser testimonio de lo que Cristo viene haciendo en nuestras vidas. En algún momento escuchamos una frase que decía: «Sé testimonio para los demás, y solo si es necesario, abre la boca». ¡Interesante! ¡Nuestra vida ha de ser motivación suficiente para que los demás sepan de qué hablamos... sin hablar!

¡Nuestra vida matrimonial debe ser un puente!

Pero el texto de Génesis que estábamos escudriñando tiene más para hablarnos. ¿Recuerdas dónde estaba Abraham al edificar sus altares y tender sus tiendas? Dice la Palabra que se ubicó teniendo a Bethel al occidente y Hai al oriente.

Es muy interesante la ubicación de Abraham en ese momento, ya que cada uno de estos lugares tiene un significado bastante especial: Bethel es «Casa de Dios» y Hai, «Montón de ruinas».

Otra vez la Palabra de Dios nos ha revelado algo más en el mismo texto: ¡nuestra condición de puente como matrimonio y cuáles son los lugares que estamos conectando! Así es la Palabra de Dios, si la escudriñamos con gozo y con la esperanza de que Dios tiene algo para nosotros, podremos encontrar lo que realmente necesitamos.

Pero vamos otra vez a lo que Dios quiere decirnos en este momento: nuestras vidas —y por lo tanto nuestros matrimonios— siempre deben estar orientadas a ser esos puentes que conecten a todo ese mar de personas que llevan una vida en desorden, como si fueran un «montón de ruinas», con la Casa de Dios.

¡Esa es nuestra misión como matrimonios si queremos testificar de Cristo a los demás! Hay mucha gente esperando con ansias la manifestación de los hijos de Dios para que los matrimonios sean restaurados, para que los hijos vuelvan el corazón hacia los padres, para que los varones sean dignos de ser llamados hombres y para que la mujer sea esa extraordinaria y relevante ayuda idónea que está llamada a ser.

¿Alguna vez pensaste que testificar de Cristo era uno de los propósitos de tu matrimonio?

Aquí también talla un punto muy importante: la generosidad. Este es un ingrediente fundamental para que nuestro matrimonio cumpla con el propósito de testificar de Cristo. Si no somos generosos y dejamos de pensar en los demás, será poco probable que se encienda en nosotros un fuego por querer ser testimonio de vida y, a la vez, el reflejo genuino de Jesucristo.

La generosidad, así como es fundamental para el cumplimiento de este propósito, también es parte de esta gran explosión de frutos buenos que nos trae el poder del amor. En el siguiente capítulo veremos con más detalle cómo el poder del amor desata generosidad y analizaremos qué significa esto en nuestra vida matrimonial.

Propósito # 3: nuestro matrimonio debe crear una descendencia santa y que alabe a Dios

Repasemos nuevamente y grabémoslo en nuestro corazón: propósito número uno para el matrimonio: madurar espiritualmente. Propósito número dos: que testifiquemos de Cristo. Y propósito número tres: tener una descendencia santa y que le alabe.

Cuando Dios los ve a ti y a tu cónyuge no únicamente los ve a ustedes sino que ve también a su descendencia. Dios decidió presentarse a la humanidad como el Dios de Abraham, de Isaac y de Jacob; Dios ya empezó un propósito en ti que irá pasando de generación en generación.

Todas nuestras actitudes que tenemos fuera del orden de Dios en contra de nuestro cónyuge y nuestros hijos no se terminan allí. Esos malos ratos, esos pleitos y peleas traen muerte y destrucción a nuestros hijos. Recuerden que lo mejor que un padre puede hacer por sus hijos es amar a la madre de ellos, y lo mejor que una madre puede hacer por sus hijos es amar al padre de ellos.

Nuestro Dios es generacional

No podemos hablar de familia y matrimonio si no hablamos de nuestra descendencia. ¡Dice la Biblia que ellos son un regalo!

Los hijos son un regalo del Señor; son una recompensa de su parte. Los hijos que le nacen a un hombre joven son como flechas en manos de un guerrero. ¡Qué feliz es el hombre que tiene su aljaba llena de ellos! No pasará vergüenza cuando enfrente a sus acusadores en las puertas de la ciudad. (Salmos 127.3–5)

¡Qué maravillosa palabra! Y notemos que además de regalo, los hijos son una recompensa. Como podemos ver, si tú tienes tu aljaba llena de ellos, ¡puedes sentirte la persona más feliz! Si solo tienes un hijo, te ruego que tomes esta palabra para ti también. Lo que queremos mostrarte en esta sección del libro es que cuando hablamos de Dios, es inevitable pensar en nuestras siguientes generaciones.

Dios nos ha dado uno de los encargos más hermosos y más difíciles en la vida matrimonial: ser una clara y positiva influencia en los hijos que nos toque tener, de manera que cuando crezcan crean, confiesen y testifiquen del Dios con el que han vivido desde pequeños.

Un matrimonio debe recordar constantemente que los hijos no siempre escuchan pero siempre nos van a imitar. La realidad es que nadie establece un programa de dos horas diarias para impartirles los conocimientos necesarios y el orden moral que les permita desenvolverse como personas correctas y como verdaderos seguidores de Cristo. La manera como un matrimonio enseña a sus hijos es a través de la convivencia diaria, donde ellos pueden ver la calidad de la relación de sus papás. ¿Quieres una descendencia santa? ¡Sé santo! ¿Quieres una descendencia que le alabe? ¡Alábalo tú primero!

El doctor James Dobson, en su magistral conferencia «¿Dónde está papá?» narra una experiencia muy interesante con su hijo, donde aprendió que los valores no se enseñan sino que los hijos los captan:

> Una vez, íbamos en automóvil cerca de dos kilómetros de nuestra casa. En aquel tiempo había por allí un cine de películas pornográficas —que ya fue demolido felizmente— por frente del que teníamos que pasar. Ryan, de cinco años, estaba en el asiento de atrás y Danae en el frente. El título de la película era algo así como «Piel caliente».
>
> Cuando pasamos por el cine, Danae lo miró y con su característico modo, dijo:
>
> —Ese es un cine malo... ¿no es así?
>
> —Sí Danae, creo que sí.
>
> —¿Es lo que llaman cine pornográfico?
>
> —Si Danae, creo que es pornográfico.
>
> Ella pensó unos minutos y dijo:
>
> —Las películas pornográficas son muy malas ¿verdad?
>
> —Si Danae, son muy malas.
>
> La conversación duró lo suficiente como para entendernos. Ella me hizo tres preguntas cortas y yo le di tres respuestas concretas ¡fue todo lo que pasó! Ryan estaba atrás y no

entró en la conversación; y yo me preguntaba: *¿Qué habrá pensado Ryan sobre esto?* porque no dijo nada. Finalmente me dije: *Creo que él no oyó.*

Pero sí oyó, y no solo oyó ¡sino que pensó en ello! Pero lo gracioso es que él no tenía ni la menor idea de lo que pasa en estas películas. ¿Después de todo cómo podría saberlo a su edad? Jamás se le explicó de qué se trataba, y obviamente él tenía sus propias ideas sobre esto. Y yo descubrí cuáles eran esas ideas...

Cuatro noches después, no habiendo dicho nada sobre el tema hasta ese momento, nos arrodillábamos para hacer nuestra oración, y el pequeño Ryan oró primero. Juntó sus manitos y espontáneamente volvió a la conversación de cuatro días atrás, diciendo: «Señor Dios... ¡Ayúdame para no ver esas películas...»!

Y reveló lo que pensaba de esas películas agregando: «...¡en las que todo el mundo se escupe el uno al otro!».

¡Para Ryan lo más sucio que pensó que ocurriría es que los personajes se escupieran entre sí! Pero ¿saben? Aprendí algo más ese día: aprendí más sobre la forma sutil en que los valores se transmiten. No sabía que ese día le estaba enseñando a Ryan un poco más de los valores que son parte de mis principios cristianos. ¿Cómo fue que pasó? ¡Yo no lo preparé...![2]

Estimado lector, hay una realidad que no se puede mirar de soslayo: si nosotros no educamos correctamente a nuestros hijos y si no ejercemos sobre ellos una correcta influencia, alguien más lo hará. Si nosotros no invertimos tiempo, talento y tesoros en la vida de nuestros hijos, hay otros que sí invertirán tiempo, talento y tesoros para robarnos nuestra descendencia.

Y así como tenemos un Dios generacional que desea que su mensaje pase de generación en generación, y así como Él ha prometido que los dichos de nuestros labios no van a faltar en nuestra boca, ni en la de nuestros hijos ni en la de los hijos de nuestros hijos, igualmente el enemigo, que es un burdo imitador de Dios, querrá perpetuar su mensaje de maldición a través de las generaciones.

Si un padre maltrata a su hijo, el hijo maltratado se convertirá también en un padre abusivo, y ese padre abusivo dará lugar a hijos maltratados, y la historia se repetirá cíclicamente sin tener para cuando terminar, lo que será un cáncer para nuestra sociedad que va carcomiendo poco a poco nuestras ciudades. O haces tu trabajo y permites que las bendiciones de Dios vayan de generación en generación, o el enemigo de Dios implantará su mensaje generación tras generación.

Para que nuestros hijos amen a nuestro Dios, tenemos que mostrarles el poder y la santidad de Dios. Ellos tienen que vernos como un modelo. Tenemos que mostrarnos como esa persona que es capaz de decir «vamos a buscar la fuente de la vida de nuestra familia». Nuestros hijos no van a amar a nuestro Dios solamente porque los llevamos los domingos a la iglesia. Eso ocurrirá por la forma como ellos nos vean tratar a nuestro cónyuge. Ellos están observando más de lo que nosotros creemos.

Tenemos que levantar un modelo. No podemos pensar que ellos harán lo correcto solamente porque creemos que así será. Tenemos que moldearlos, ceñirlos a nuestros lomos para que experimenten la santidad y el poder de Dios en el hogar.

Anímate a sentar a Cristo junto a ustedes en el desayuno. Hazlo también en el almuerzo. Saquemos a Cristo de los templos y llevémoslo a casa. El pacto es la base para edificar el matrimonio, lo cual quiere decir que el día que yo sienta que ya no puedo más, que estoy cansado, que esta relación no da para más, tengo que recordar: ¡yo lo prometí delante de Dios y yo no voy a faltar a mi palabra!

Siempre debemos tener presente que bajo ninguna circunstancia el divorcio será la solución. El divorcio siempre será un gran problema para la sociedad, porque el divorcio ha provocado que nuestros jóvenes estén con una ira desenfrenada, ha ocasionado que el corazón de nuestros hijos esté lleno de amargura y de dolor.

El divorcio ha ocasionado que tengamos jóvenes llenos de talento pero sin fuerza para luchar, ha ocasionado también que tengamos hijas lindas, todas unas princesas, que se entregan al primer muchacho que les susurra algo bonito al oído. ¿Por qué? Porque el papá ya no está en casa.

El matrimonio es un legado para nuestra descendencia

Para los hombres, ningún éxito puede ser mayor que estar con la mujer de su pacto, la madre de sus hijos, la mujer de su juventud, sentada a su lado y viendo los dos juntos a su descendencia, sanos espiritualmente. Nada hay más gratificante que ver cómo ese hijo aprendió de sus papás a amar a su esposa como Cristo ama a su Iglesia, y ver también a esa hija siguiendo a su esposo, amándolo, honrándolo, respetándolo y sujetándose a su liderazgo, así como la Iglesia se sujeta a Jesucristo.

¿Habrá algo más grande que eso? ¡No; no lo hay! Nadie va a poder robarnos esa herencia espiritual... ¡Nadie! Ese legado que le dejas a tu descendencia, esas huellas profundas que tus hijos tienen en su camino, les dirán por dónde ir. ¿Te imaginas a tus hijos diciendo: «Ahora mismo tengo problemas con mi pareja, pero... ¿qué hacían mis padres? Claro, oraban y se perdonaban... ¡Yo tengo que hacer eso!».

¡Eso está grabado es sus corazones! A veces queremos que nuestros hijos escuchen de nosotros grandes discursos y grandes consejos de buenos padres, pero ellos no están listos para escucharlos; están listos (y deseosos) de observarlos, mirarlos y admirarlos. Lo que tú haces habla más fuerte que tus propios discursos y es lo que realmente queda grabado en el corazón de tus hijos.

Debes saber que el corazón de nuestros hijos es como el cemento fresco, en el que puedes dibujar y escribir cosas, pero cuando el cemento está duro ¿habría algún modo de escribir algo? De ninguna manera. Llegará el momento en que sus corazones estarán tan impregnados con las enseñanzas de sus padres que a cualquier otra persona le será imposible grabar algo negativo en ellos.

Necesitamos asumir nuestra responsabilidad y luchar. ¡Para nadie es fácil! Y de hecho es difícil porque el enemigo odia el matrimonio y a nuestros hijos, y por eso utilizará su tradicional estrategia haciéndonos pecar con el divorcio. Permíteme ser enfático con este tema: apenas pronuncias esa palabra le estás abriendo las puertas a Satanás para que tus hijos sean atacados por este mal.

Y no solo eso, tus nietos también se pueden ver afectados por el divorcio ¿y todo por qué? Porque ni al abuelo ni a la abuela les dio la gana de asumir su responsabilidad y dijeron: «¡Mejor nos separamos! Déjame a mí con mis cosas; yo no estoy dispuesto a cambiar, no quiero perdonarte, no quiero hacer nada, déjame en paz, quiero vivir tranquilo».

Claro, el que se separa quiere vivir tranquilo, ¿pero qué hay de los hijos y los nietos? ¿Qué hay de toda la descendencia? ¡Necesitamos asumir la responsabilidad y luchar! Cuando tus siguientes generaciones hablen de ti, haz que hablen de ese abuelo maravilloso, y de esa abuela tierna y dulce. Así les estarás dejando un legado incorruptible que nadie se los arrebatará. Qué hermoso es ver a una pareja avanzada en edad, sentados en una mesa de comedor y teniendo en la misma mesa a los hijos, nietos y bisnietos, sanos y seguros en los caminos del Señor. ¿Qué mayor éxito humano puede haber si no es ese?

Un abuelo como José

¿Cómo quieres pasar a la historia de tu familia? Quizás como el abuelo o la abuela que luchó y estuvieron dispuestos a morir a él o a ella misma para dar vida a los demás miembros de su familia. Quizás quiera hacerlo como el abuelo renegón que tuvo la oportunidad, que lo invitaron a renovar su matrimonio pero que simplemente se paró terco y necio queriendo vivir a su manera, haciendo las cosas a su manera «porque así lo hemos hecho siempre».

Quizás deseas que tus nietos digan: «Gracias a mi abuelo y a mi abuela que nosotros estamos aquí. Ellos fueron la generación que empezó a creerle a Dios». Si es así, ¡me identifico contigo! Yo quiero ser un abuelo como José. Sí, el mismo José que conocemos en el Génesis, que fue vendido como esclavo por sus hermanos.

Permíteme decirte por qué quiero ser un abuelo como él. En principio, José fue un buen hijo, ya que siempre estuvo informando a su padre de las fechorías que hacían sus hermanos. Claro que este correcto obrar le costó aun su libertad, y por eso terminó siendo vendido a los egipcios.

Tú ya sabes lo que pasó: su intachable comportamiento y la evidencia del Espíritu de Dios en él lo elevó a la posición de gobernador de Egipto. No se suele hablar mucho de lo siguiente, pero el Faraón le dio un nuevo nombre: Zafnat-panea, que según los estudiosos, probablemente significa «Dios habla y vive». Dios habló y vivió en todo tiempo en José. Eso no debe sorprendernos.

La Biblia no ahonda en detalles de la vida matrimonial de José, solo dice que se casó con Asenat, quien era hija de Potifera, sacerdote de On, pero con una vida intachable hasta ese momento, y gozando de una estrecha comunicación con Dios. ¡Es fácil suponer que no necesitó un libro como este para ser un buen esposo!

José y Asenat tuvieron dos hijos: Manasés y Efraín. Dice la Biblia en el último capítulo del Génesis que José vivió ciento diez años, ¡eso sí que es una gran ventaja para ser un gran abuelo! Pero la parte que realmente me conmueve como futuro abuelo, es la siguiente: «Y vio José los hijos de Efraín hasta la tercera generación; también los hijos de Maquir hijo de Manasés fueron criados sobre las rodillas de José» (Génesis 50.23, RVR1960).

¡Ese soy yo! El abuelo que sienta a sus nietos sobre sus rodillas, que les cuenta cómo empezó Cristo a vivir en medio de nuestra familia y el que los cautiva con historias de la Biblia. Creo que no hay un cuadro más hermoso, porque eso pondría en evidencia el arduo trabajo que hemos hecho con nuestros hijos. Crear una descendencia santa ha sido un reto para nosotros, y sé que también lo ha sido o quizás lo sigue siendo para ti.

Innumerables veces nos hemos encontrado con gente que nos ha dicho: «¡Qué lindos y obedientes les han salido los tres hijos!». Nosotros solamente sonreímos pensando en la frase que hemos escuchado: ¿les han salido? ¡La gente no puede imaginarse el tiempo que hemos tenido que invertir en ellos y todos los momentos difíciles que hemos tenido que pasar! Pero Dios es fiel, y Él te asegura que toda semilla que siembres dará su fruto, ¡y así fue con nuestros hijos!

Milagros y yo decidimos cumplir a cabalidad con el propósito de crear una descendencia santa y que alabe a Dios. Pero esta ardua tarea no la hubiéramos podido llevar a cabo sin un ingrediente indispensable para todo matrimonio: la generosidad.

¿Dónde la encontramos? ¿Cómo se siembra? ¿Dónde encontramos semillas de generosidad? ¡Esa es otra de las bendiciones del poder del amor!

EL PODER DEL AMOR DESATA GENEROSIDAD

Cuando la refinada dama llegó a la estación de tren, se acomodó en una de las sillas de espera, cerca de un alegre joven que disfrutaba escuchando música con sus audífonos. *Todavía quedan unos minutos* pensó ella y se dispuso a comer las galletas que había comprado unos minutos atrás.

De pronto, observó el paquete abierto que estaba al lado de su asiento, y cuando se disponía a tomarlo, vio que el joven, muy sonriente, cogió una galleta y se la llevó con fruición a la boca. Ella no podía creerlo, pero decidió pasar por alto lo que consideró una insolencia, así que cogió una galleta ignorando al atrevido muchacho. Cuando parecía que todo había acabado, el joven nuevamente la miró, sonrió, y lentamente se llevó otra galleta a la boca. La mujer estaba absolutamente sorprendida, ¡pero no iba a permitir que atropellaran sus derechos! ¡Esas galletas eran de ella!

Sin perder la compostura, la mujer cogió delicadamente otra galleta, sin dejar de mirar al muchacho pero esta vez con un gesto más adusto. Sin embargo, el joven no perdía su alegría, y con esa misma sonrisa volvió a coger una galleta que disfrutó tanto como las anteriores.

La refinada dama estaba al borde del colapso ¡nunca se había topado con una situación así! ¡Y no estaba dispuesta a perder! Así que se llevó otra galleta a la boca con un gran gesto de sorna para desanimar a su eventual compañero. De pronto, bajó la mirada y vio que quedaba ¡solo una galleta! El risueño joven la miró, miró también la galleta, lentamente extendió su brazo, partió en dos la galleta y con un gesto amable le alcanzó una de las mitades a la asombrada señora.

¡Esto es inaudito! ¡Es usted un insolente! —exclamó la señora, quien rauda se paró y aprovechó en abordar el tren, más enfurecida que nunca al ver que el joven seguía sonriendo y le agitaba su mano diciéndole adiós. Estaba sofocada por el episodio que había vivido y decidió buscar en su cartera la botella de agua que había comprado junto con sus galletas.

Grande fue su sorpresa cuando abrió su cartera y vio su paquete de galletas intacto. ¡En todo momento había estado comiendo las galletas de su joven acompañante! La generosidad de este muchacho no tuvo límites y compartió, a pesar de las circunstancias, lo que tenía. Esta generosidad es la que nos permite —si le abrimos las puertas de nuestro matrimonio— tener un nuevo horizonte para nuestro pacto.

EL VALOR DE LA GENEROSIDAD

En Isaías vamos a encontrar una realidad totalmente diferente de lo que es este mundo y de lo que realmente Dios quiere para nosotros: «Pero el generoso pensará generosidades, y por generosidades será exaltado» (Isaías 32.8, rvr1960).

Queremos animarte a que seas una persona generosa, a que te conviertas en un esposo y padre generoso, a que te transformes en una esposa y madre generosa, ¡porque el generoso por sus generosidades será exaltado!

Allá afuera todo es duro. Cuando sales a la calle, sales a pelear y sale a matar. La gente es mezquina, hay pleitos, contiendas, envidia y disensiones. ¡Todo es bien fuerte allá afuera! Y cuando traemos eso dentro del hogar, es destructor y avasallador. Es una lucha que no va a dejar prisionero vivo y que va a matar a todos. Hay un enemigo que ha venido a robar, a matar y a destruir. Ya dijimos que él te detesta, tu matrimonio, tu familia y a tus hijos; y no dudes que este enemigo hará de todo —incluso usarte a ti— para ser el elemento de destrucción en la vida de ellos.

Hoy por hoy vemos con mucha pena que es fácil vivir bajo esa ética de conducta ¡porque nos vamos acostumbrando! No se trata de quién es bueno y quién es malo, sino de estar viviendo con patrones de conducta equivocados y acomodarnos a corrientes equivocadas de pensamiento; por eso, es importante conocer la Palabra para que ella nos diga cuál tiene que ser nuestro modelo de conducta.

No hay nada más maravilloso que estar rodeado de gente que realmente sea generosa. ¡Es un estilo de vida! Y no solamente debemos ser generosos con las personas a quienes queremos caerles bien, sino veamos lo que nos dice la Palabra de Dios:

> Si sólo aman a quienes los aman a ustedes, ¿qué mérito tienen? ¡Hasta los pecadores aman a quienes los aman a ellos! Y si sólo hacen bien a los que son buenos con ustedes, ¿qué mérito tienen? ¡Hasta los pecadores hacen eso! (Lucas 6.32–33)

Muchas veces dejamos de lado esta generosidad. Demandamos demasiada perfección en nuestra relación matrimonial y así vamos matando a nuestro cónyuge. En lugar de ser generosos somos mezquinos con nuestros halagos y no valoramos lo que ellos hacen. De esa falta de generosidad nace la crítica, y esa crítica continua no hace otra cosa que matar ese poquito de cosas buenas que tu cónyuge puede hacer.

La persona generosa es realmente feliz. Es la que vive en un agradecimiento continuo, mirando lo bueno de la otra persona; pero la persona infeliz es la persona desagradecida, la persona que cree que todo se lo merece y que todo lo que hacen los demás no tiene valor.

Ser generoso y agradecido son dos condiciones del corazón que van de la mano. Durante un tiempo pudimos ver claramente algo que pasa cada día ante nuestras propias narices: cada día es un acto inconmensurable de generosidad de parte de Dios. ¿No es acaso sobrenatural levantarnos cada mañana, tener un día más de vida y poder valernos por nuestros propios medios? No solemos verlo como un milagro, pero ¿acaso no es increíble que nuestro cuerpo funcione como una máquina bien aceitada y que podamos tener el privilegio de respirar y ver con nuestro propios ojos todo lo que el Señor ha creado para nosotros?

Te animamos a que tu oración por las mañanas se dirija a agradecer de todo corazón ese día más de vida que Dios te está regalando. No dejes de sorprenderte cada día con este acto de generosidad de parte de Dios y sé una persona agradecida por todo lo que estás recibiendo.

Pero vamos a Génesis capítulo 24 y veamos un ejemplo de la maravilla que Dios quiere para nuestro matrimonio y de cómo nosotros debemos incluir el elemento de la generosidad en nuestras vidas. Seamos generosos en paz, paciencia, amor, benignidad... ¡No seamos mezquinos sino que tengamos abundante paciencia en las cosas de Dios! En esta porción de las Escrituras se encuentra la historia de Abraham, quien, ya de edad avanzada, le pide a su siervo que vaya a buscar una esposa para su hijo Isaac...

REBECA, EJEMPLO DE GENEROSIDAD

Isaac tenía cuarenta años y Abraham quería encontrar una esposa para él. Es así que habló con su siervo más antiguo, el hombre que estaba a cargo de su casa, y le hizo jurar que Isaac no se casaría con una mujer cananea, sino que el siervo iría a la tierra natal de Abraham, donde estaban sus parientes, y allí encontraría una esposa para Isaac.

Y así, el siervo, con la consigna totalmente clara y con un juramento de por medio, emprendió el viaje...

Después tomó diez de los camellos de Abraham y los cargó con toda clase de regalos valiosos de parte de su señor, y viajó hasta la lejana tierra de Aram-naharaim. Una vez allí, se dirigió a la ciudad donde se había establecido Nacor, hermano de

Abraham. Hizo que los camellos se arrodillaran junto a un pozo justo a las afueras de la ciudad. Era la caída de la tarde, y las mujeres salían a sacar agua.

Oh SEÑOR, Dios de mi amo, Abraham —oró—. Te ruego que hoy me des éxito y muestres amor inagotable a mi amo, Abraham. Aquí me encuentro junto a este manantial, y las jóvenes de la ciudad vienen a sacar agua. Mi petición es la siguiente: yo le diré a una de ellas: Por favor, deme de beber de su cántaro; si ella dice: Sí, beba usted, ¡y también daré de beber a sus camellos!, que sea ella la que has elegido como esposa para Isaac. De esa forma sabré que has mostrado amor inagotable a mi amo.

Entonces, antes de terminar su oración, vio a una joven llamada Rebeca, que salía con su cántaro al hombro. Ella era hija de Betuel, quien era hijo de Nacor —hermano de Abraham— y de Milca, su esposa. Rebeca era muy hermosa y tenía edad suficiente para estar casada, pero aún era virgen. Ella descendió hasta el manantial, llenó su cántaro y volvió a subir. (Génesis 24.10–16)

Habían algunos pozos en Israel que no necesariamente eran como los pozos que se ven en el lejano oeste: un hueco y se baja un balde, sino que había otros pozos por esa zona que eran como un oasis, donde uno tenía que bajar hacia la fuente porque era un lugar que estaba a un nivel inferior.

Entonces el siervo corrió hasta alcanzarla y le dijo:

—Por favor, deme de beber un poco de agua de su cántaro.

—Sí, mi señor, beba —respondió ella.

Enseguida bajó su cántaro del hombro y le dio de beber. Después de darle de beber, dijo:

—También sacaré agua para sus camellos y les daré de beber hasta que se sacien.

Así que, de inmediato, vació su cántaro en el bebedero y volvió corriendo al pozo a sacar agua para todos los camellos. (vv. 17–20)

¿Sabías que un camello puede tomar, de una vez, hasta veinticinco galones de agua? Si hacemos una sencilla operación aritmética sabremos que esta doncella iba a necesitar prácticamente ¡doscientos cincuenta galones de agua! Si repasamos el versículo 15, vemos que ella tenía un cántaro sobre su hombro. ¿Cuántos galones te imaginas que puede llevar en ese cántaro? ¿Quizás cinco galones? Eso nos daría un promedio de cincuenta viajes que Rebeca tendría que hacer para dar de beber a los diez camellos.

Pero seamos más benévolos y pensemos que los camellos no estaban tan sedientos, así que Rebeca tendría que hacer aproximadamente treinta viajes. Servicialmente, ella hizo este trabajo «hasta que acaben de beber» según leemos en el versículo 19. Es más, en el siguiente versículo (v. 20) podemos leer: «Así que, de inmediato, vació su cántaro en el bebedero y volvió corriendo al pozo a sacar agua para todos los camellos».

¿Qué creen que se dijo el siervo de Abraham cuando vio todo esto? «¡Este es el tipo de novia que el hijo de mi Señor necesita! ¡Una mujer generosa! Una mujer que estuvo dispuesta a dar mucho más de lo que le pedía, una mujer llena de las características del fruto del Espíritu».

¡La generosidad es uno de los puntos clave que tú necesitas tener para una buena vida matrimonial! Tienes que aprender a ser generoso, porque Dios está buscando una novia que sea generosa para su Hijo Jesucristo.

Un soldado en los tiempos de guerra en Kosovo en que había escasez de alimentos, entró a una panadería, compró una bolsa de pan y saliendo de la panadería encontró a un niño mirando por la vitrina y mirándolo luego a él. Le pidió un pan, el soldado se lo entregó y de inmediato el niño se lo devoró. Conmovido, el soldado le entregó toda la bolsa y se fue caminando. De pronto, vio que el niño se paraba delante de él y le preguntaba: «¿Es usted Dios?».

¿Qué nos dice esto? Que cuando más generosos somos, más nos parecemos a nuestro Señor.

GENEROSOS CON NUESTRO CÓNYUGE, GENEROSOS CON NUESTROS HIJOS

Y cuanto más generosos somos en esta relación vamos a poder ser testimonios vivientes y vamos a enseñarles a nuestros hijos de ese Dios que vive en nuestros corazones. A veces no entendemos por qué nuestros hijos no quieren venir a la casa del Señor, y muchas veces es porque nosotros nunca hemos podido testificar con nuestras vidas que Él existe. Podemos venir a la iglesia y hablar de Jesús, pero con nuestras acciones hemos estado matando la credibilidad de ese Dios maravilloso.

Ser generosos en la relación matrimonial no es fácil, porque se trata de una convivencia diaria con nuestro cónyuge y con nuestros hijos, donde constantemente demandamos que ellos hagan las cosas correctas, pero ¿cómo podemos nosotros pretender un comportamiento perfecto en nuestros hijos si ellos son hijos de padres imperfectos? ¿Cómo podemos pretender que nuestro cónyuge sea perfecto si en nuestro ser existen tantas imperfecciones? ¡Necesitamos entender que estamos en un camino para aprender!

Tenemos que ser misericordiosos, llenarnos de paciencia, tenemos que ser generosos, aun a costa de nuestros propios sentimientos. Nuestros sentimientos los debemos traer cautivos a la Palabra y decirle al Señor: «Aunque no lo entienda, hoy voy a expresar lo mejor de ti. Aunque no lo entienda, voy a perdonarlo una vez más. Aunque mis hijos no me obedezcan voy a reflejarles ese amor incondicional que tú sientes por ellos».

Cuando le fallas a Dios Él nunca te dice: «Aquí no vas a entrar». Él siempre está con los brazos abiertos, esperándote y diciéndote: «Ven conmigo, hijo mío». ¿Quién eres tú para cerrar los brazos a tus hijos? ¡Cuánto amor tiene Dios por nosotros! ¡Debemos pensar en generosidad para poder brillar y establecer su reino aquí en la tierra! Pero todo empieza acá.

SI CREES QUE TU CÓNYUGE ES UN ZAPATO VIEJO, TÚ PODRÍAS SER EL OTRO ZAPATO DEL PAR

Leyendo un libro de Derek Prince acerca del pacto matrimonial, encontramos una analogía con la luna y el sol: la luna refleja la luz del sol, la luna en sí no tiene luz propia. Es más, el material del que está hecha la luna es un elemento que en sí no tiene vida, pero es el material que tiene las características más poderosas para reflejar la luz.

Entonces podemos decir que si el sol no le diera luz, sería imposible que la luna reflejara la gloria del sol. Cuando vemos la luna brillando es porque en realidad está reflejando la luz del sol; entonces, la gloria es un reflejo. ¡Por eso mencionamos al inicio del primer capítulo que Guillermo es el sol y yo, Milagros, soy la luna!

No podemos conocer a un hombre casado y reconocer su honorabilidad y cristiandad mientras no veamos a su mujer, porque ella es la gloria del hombre. Ella va a reflejar todo lo que su esposo le ha provisto. Por eso, si tú, amable caballero, crees que tu mujer es un zapato viejo, recuerda que tú eres el otro zapato del par. Ella solamente está reflejando lo que tú le estás proveyendo.

Recuérdalo siempre: el poder del amor provee lo necesario para que la pareja desarrolle todo su potencial, porque el hombre no fue creado por causa de la mujer sino que la mujer fue creada a causa del hombre. Dios dijo: «No es bueno que el hombre esté solo», pero ten en cuenta que esta fue una declaración moral ya que Él vio cómo iba a ser el hombre de egoísta al querer absolutamente todo para él. Entonces, la idea de Dios fue: *Tú, hombre, le vas a proveer a tu mujer todo que lo yo te he provisto para que ella desarrolle todo su potencial, al igual que yo he hecho contigo.* Cuando uno entiende esto no queda más que decir: «¡Esto es impresionante!». Pero cuando uno se somete a esa verdad, goza de los frutos de esa verdad.

EL FRUTO ES UNA HERENCIA

Muchas madres sufren por vivir un pobre estándar familiar, pero ese sufrimiento suele ser porque no existe el conocimiento necesario acerca de cómo ser de bendición en la familia, porque abundan la mezquindad, las mentiras, los pleitos, el adulterio y la lascivia; ese sufrimiento también se debe a que las mujeres tienen heridas producto de una pobre masculinidad en sus esposos.

Si nosotros no detenemos ahora mismo esos patrones destructivos, ese mismo patrón de conducta lo experimentarán nuestros hijos. Es claro que todos nosotros queremos que nuestras hijas se casen con personas de bien y no con gente que se comporte como niños, que estén demandando que los atiendan en todo momento y que lo único que saben dar a cambio son insultos, maltratos y críticas. Tú no querrás eso ¿no es así? ¡Entonces cambia, y hazlo ahora!

Sé un modelo de referencia para las siguientes generaciones. El matrimonio no es un asunto romántico, donde todo es bonito y tiene colores pastel. ¡Estamos hablando de la vida y de la muerte! Estamos hablando de un enemigo que ha venido con el único propósito de destruir lo que Dios instituyó; un enemigo que quiere borrar de la faz de la tierra la imagen de Cristo y de la Iglesia. ¡Tú tienes una gran responsabilidad!

Si no eres fiel con la hija de otro hombre, no pretendas que alguien sea fiel con tu hija, porque vas a cosechar el fruto de la semilla que estás sembrando. Recuerda que tarde o temprano te vas a tener que encontrar cara a cara con el verdadero padre de tu esposa y le vas a tener que rendir cuentas de cómo le hablaste a su hija, cómo la trataste y hasta cómo la tomaste en la cama... ¡Nada va a quedar impune!

A veces pensamos: *Ese es asunto mío, son mis hijos, yo los corrijo como a mí me da la gana y soy quien manda.* Y nos olvidamos que antes de ser nuestros, esos hijos son del Señor ¡Él es su verdadero padre!

Necesitamos asumir nuestra responsabilidad y vivir con todo lo que Dios quiere que vivamos, los ingredientes necesarios que nos van a ayudar a caminar hacia el éxito.

No seas el referente del pleito ni de la mezquindad, sé el referente de la bondad y de la generosidad. ¡Porque el generoso pensará siempre en generosidades y por esas generosidades será exaltado! Queremos animarte a que pienses y medites todo el tiempo en generosidad. Sé generoso con su tiempo, con tus talentos, con tus tesoros. Sé generoso con tus padres, con tus hijos y tus hijas. Sé generoso con tus palabras, con tus abrazos, con tus halagos y con tus besos. Sé generoso con tu perdón, con la paciencia y con las palabras de bendición.

Dios fue, es y será generoso, y así como podemos afirmar «el amor soy yo», así también podemos afirmar que nosotros somos tan generosos como Él, ya que somos su imagen y su semejanza. Pero, ¿qué tipo de fruto entregamos con abundancia día a día para poder ser llamados «generosos»?

UNA HERENCIA QUE DEBE FLORECER EN NOSOTROS

Cuando estudiábamos acerca del fruto del Espíritu,[1] estábamos pasando una época donde todo lo que hacía Guillermo me fastidiaba y todo lo que yo hacía le incomodaba a él. ¿Qué estaba pasando? Cualquier cosa que ocurría que tenía que ver con nuestro matrimonio, nuestros hijos o los temas de la casa, era motivo para discutir. ¡Algo estaba mal!

Nos arrepentíamos, le pedíamos al Señor: «¡Ayúdanos, enséñanos a ver cuál es la verdad atrás de todo esto! ¡Por qué yo no tengo paciencia, bondad, amor, paz! ¿Por qué no puede fluir todo esto?». Y el Señor nos dijo: «Porque el fruto del Espíritu en la relación está inmaduro». Es como cuando tiene una fruta verde que la come y se da cuenta de que tiene un sabor feísimo, pero cuando agarra una fruta que está madura y la muerde ¡es riquísima! La disfruta tanto y es tan beneficioso para su cuerpo que se deleita con ella y siempre va a querer más.

Cuando nos dimos cuenta que el fruto del Espíritu en esta relación estaba tan inmaduro, decidimos estudiar cada manifestación del fruto del Espíritu y poner nuestros corazones delante del Señor, diciéndole: «¡Ayúdanos, disciplina nuestro corazón porque solo queremos agradarte a ti!». Generalmente, estamos todos felices de aceptar a Jesucristo como Salvador, pero muy pocos estamos dispuestos a aceptarlo a Él como el Señor de todas las áreas de nuestra vida. Tenemos que rendir nuestras vidas para que Él viva.

La Palabra de Dios nos enseña, en un pasaje muy conocido de Gálatas, acerca de las obras de la carne que son: inmoralidad sexual, impureza, pasiones sensuales... (¿Te das cuenta que todos son problemas matrimoniales?) idolatría, hechicería, hostilidad... (problemas matrimoniales) peleas, celos, arrebatos de furia... (problemas matrimoniales) ambición egoísta, discordias, divisiones, envidia, borracheras, fiestas desenfrenadas y otros pecados parecidos. Todas son cosas que ocurren constantemente dentro del matrimonio y de la familia una y otra vez ¡y parece no terminar nunca!

Sin embargo, inmediatamente después, el apóstol Pablo hace una exhortación acerca de vivir en el Espíritu a través de su fruto: «Pero el fruto del Espíritu es amor, gozo, paz, paciencia, benignidad, bondad, fe, mansedumbre, templanza. Contra tales cosas no hay ley» (Gálatas 5.22–23, rvc).

¿Te imaginas un matrimonio donde abundara cada una de estas manifestaciones...? ¿Cómo sería tu matrimonio si en ti y en tu cónyuge abundara el dominio propio? ¿Cuán diferente crees que sería tu vida si abundara la paciencia? ¿Te imaginas un matrimonio donde cada día se respire amor y paz? ¡Es un llamado que viene de parte de Dios!

Allá afuera está la manifestación de la carne con los pleitos, envidia y contiendas... ¡Eso es para el que no conoce de Dios y para el que no es generoso, eso es para el mezquino! Pero para el generoso siempre habrá abundancia de benignidad, de paz, de amor... ¡Habrá siempre un fruto maduro del Espíritu!

LAS MANIFESTACIONES DEL FRUTO

Amor

Cada fruto del Espíritu está revestido de amor, pero ¿de qué tipo de amor nos está hablando el apóstol Pablo aquí?

Para saberlo, primero tenemos que mencionar que hay un amor que viene del griego *eros* y que se refiere a ese amor que atrapa, a ese deseo que tiene que ver con la sensualidad; de allí viene, por ejemplo, la palabra erótico. Otra expresión del amor es la que viene de la palabra *filos* y tiene que ver con el amor de amigos o el amor que se expresan entre hermanos; amor filial.

Pero hay un tipo de amor que dibuja perfectamente lo que Pablo quería expresar en su carta a los Gálatas: el amor que viene de la palabra *ágape*. Este es un amor totalmente incondicional que busca tener un cuidado desinteresado por los demás. Es el tipo de amor que Jesús dejó ver de una manera conmovedora en la cruz, cuando expresó: «Padre, perdónalos porque no saben lo que hacen». Solo en Jesús podemos lograr este amor que siempre está dispuesto a dar y que nunca pide ni tampoco quita.

El amor en el matrimonio

El amor es un llamado, una forma de vivir, una decisión que tomamos.

Es importante remarcar que las expresiones de amor siempre van a ser más necesarias para la esposa que para el esposo. Es una necesidad natural de toda mujer: todo lo relacionado con gestos de cariño, detalles, fechas, señales de cortesía, y todo lo que signifique expresiones de amor, es un combustible para la vida de las esposas.

Pablo sabía muy bien esto, por eso podemos notar claramente, en la parte final del capítulo 5 de su carta a los efesios, cómo ordena al hombre que ame a su esposa... ¡Nada menos que tres veces!

Para los maridos, eso significa: **ame** cada uno a su esposa tal como Cristo amó a la iglesia [...] De la misma manera, el

marido debe **amar** a su esposa como ama a su propio cuerpo
[...] Por eso les repito: cada hombre debe **amar** a su esposa
como se ama a sí mismo. (Efesios 5.25, 28, 33 énfasis de los
autores.)

En cambio, en todo este segmento de versículos donde les habla a
los matrimonios, solo una vez les dice algo a las esposas: «Y la esposa
debe **respetar** a su marido» (al final del versículo 33). ¡Solo una vez!
¿Qué querría decirnos Pablo con esto? Yo creo que al ser tan enfático
en un tema quiere demostrarnos lo importante que es para ellas sentirse amadas.

El amor está hecho de detalles y los detalles son personas. Reafir-
mar el amor cada día es un nutriente que las esposas van a necesitar
siempre. Un chocolate, una tarjeta, unas flores o cualquier detalle que
evidencie tu interés como esposo será una semilla que de todas maneras traerá fruto.

Y si es importante un detalle, imaginémonos cuánto más puede
serlo una palabra de bendición para ellas. Bendecir, como lo vimos en
nuestro libro ¡*Bendíceme también a mí, padre mío!*, es «dar poder para prosperar»; y los esposos a través de palabras reafirmadoras tienen ese
inmenso poder para que les vaya bien a sus esposas.

Pero vayamos por la carretera de regreso y observemos líneas arriba que en este versículo 33, Pablo termina esta porción de la carta
instando a las mujeres de Éfeso a que respeten a sus maridos. Insisti-
mos: ¡solo una vez! ¿Es que hay menos necesidad de amor que de respeto de parte de los hombres? No exactamente. Lo que sucede es que
la forma más usual en que la mayoría de los hombres se sienten realmente amados por sus esposas es cuando reciben señales visibles de
honra, respeto y admiración.

En resumen, ¿quieres manifestar de manera apropiada y efectiva el
amor a tu cónyuge? Esposos: amen a sus esposas llenándolas de detalles. Esposas: amen a sus esposos respetándolos, honrándolos y
admirándolos.

Es frecuente que en los matrimonios cada uno esté atento a las señales del otro para empezar a hacer cada uno su parte; es decir: «Yo no voy a hacer nada hasta que tú no cambies». Es frecuente y es hasta cierto punto normal porque somos seres humanos, ¡pero no deja de ser un comportamiento necio!

El amor puede manifestarse como fruto en nuestra vida cuando dejamos de ser egoístas y damos sin esperar nada a cambio. El poder del amor se manifiesta cuando empezamos a ver nuestro matrimonio como un pacto incondicional, tal como lo vimos en el capítulo «El poder del amor desata el poder de un pacto».

Gozo

En el Nuevo Testamento la palabra griega usada para gozo es *chará* y su significado, además de gozo, es alegría, regocijo, dicha. El primer y más importante motivo para ser personas con gozo en esta vida, es saber que contamos con un lugar en el reino de los cielos, aun cuando sabemos que no merecemos tan privilegiado lugar.

Este gozo de hijos escogidos es el que tenemos que llevar a todas las áreas de nuestra vida, especialmente a nuestra faceta de casados. Mantener ese gozo es lo que nos llevará a saber enfrentar las tempestades típicas del matrimonio. ¿Eres tú de las personas que ante los problemas huye? Empieza a diseñar una nueva estrategia: recuerda permanentemente el gozo de pertenecer al Cuerpo de Cristo. Esto te ayudará a poner tus esperanzas en Él, quien es el único que no nos defrauda, porque si pones todas tus esperanzas en tu cónyuge, siempre vas a salir desilusionado ¡y eso es normal! Somos gente imperfecta, pero gracias a Dios el gozo lo podemos encontrar en nuestra cabeza, que es perfecta: Jesús.

El gozo en el matrimonio

La definición de *gozo* es simplemente «alegría de ánimo». Es evidente que la prisa de la vida moderna, las presiones laborales, los compromisos económicos y aun las presiones ministeriales, nos hacen difícil mantener el gozo dentro de nuestro matrimonio. Pero la realidad es que en el matrimonio no podemos darnos el lujo de vivir sin gozo, ¡sería como querer preparar limonada sin limón!

Nuestra recomendación para esposos y esposas siempre será esta: cuando termine tu día de trabajo y estés por llegar a casa, detente en la puerta, respira hondo, cierra los ojos y dile al Señor algo como esto: «Padre, yo sé que estoy muy cansado, ha sido un día muy largo y mis fuerzas ya no son las mismas de la mañana; por eso, te pido que me renueves, que sostengas mis brazos y que me des el gozo que necesito para llevar una sonrisa a mis hijos y a mi esposa. Permíteme entrar por esta puerta y ser de bendición para ellos; y especialmente permíteme que mi esposa vea en mí el reflejo del poder del amor».

Mantener esa «alegría de ánimo» es un reto para cualquiera, especialmente para los que tienen un carácter que no les permite fácilmente demostrar una sonrisa. Si tú eres uno de ellos, o te has convertido por diversas circunstancias en uno de ellos, recuerda que Cristo es el único que puede transformar toda expresión adusta en el más completo gozo.

No esperes el milagro del gozo en el matrimonio ¡anda por él! Reeduca tus hábitos y esfuérzate en poner una cuota de gozo en tu hogar. Haz reír a tu esposa, haz reír a tu esposo. ¿Eres muy serio? Entonces permítele contarle una anécdota divertida, apréndetela y cuéntasela a tu cónyuge:

Llega un esposo y encuentra a su esposa llorando y le pregunta:

—¿Por qué lloras?

Y la esposa, lloriqueando, le responde:

—Es que te había preparado una comida muy buena y vino el perro y se la comió.

—¡No te preocupes mi amor, mañana te compro otro perro!

Paz

La palabra griega que se traduce como paz es *eirene*, que además significa paz interior y tranquilidad. La paz es la expresión misma de

Jesucristo, es el sosiego que alcanza nuestra mente y nuestro espíritu cuando estamos en una relación estrecha con nuestro Padre celestial.

Nosotros pensamos muchas cosas durante el día, tenemos diversas intenciones en nuestra cabeza, muchas de ellas son buenas y algunas no tan buenas, algunas le agradan al Señor y otras, no. ¿A qué responde eso? A que —como decíamos líneas arriba— somos seres humanos imperfectos. Esto nos puede traer desasosiego y falta de paz, porque sabemos que nuestro Padre es completamente Santo, y las cosas que no le agradan nos pueden separar de Él.

Jesús, que caminaba siempre en una estrecha relación con su Padre, permanentemente era reflejo de una verdadera paz. Por lo tanto, mientras nosotros más nos acerquemos a Jesús, más vamos a tener pensamientos, palabras e intenciones que nos acerquen a ese estado de santidad en el que necesitamos caminar.

Así funcionan las cosas en la vida conyugal ¿Quieres estar más cerca de tu cónyuge? ¡Entonces acércate a Jesús! ¿Quieres llenar el corazón de tu cónyuge solo de cosas buenas? ¡Entonces llena su corazón de Jesús! El inveterado problema de los matrimonios es que se afanan buscando la paz en objetos materiales o filosofías extrañas y rechazan la piedra angular de la paz matrimonial: Jesús.

¿Por dónde te está llevando su búsqueda de paz?

La paz en el matrimonio

«Les dejo un regalo: paz en la mente y en el corazón. Y la paz que yo doy es un regalo que el mundo no puede dar» (Juan 14.27). Jesús sabía que estaba cerca del fin. Toda persona que está por morir tiene una última voluntad por hacer y debe decidir qué posesiones terminará dejando a sus seres queridos.

La herencia que Jesús nos dejó es algo que jamás se podrá comprar con dinero: una paz genuina. La paz es la compañera inseparable del gozo, es uno de los cimientos sobre los que descansa el matrimonio. Pero notemos que Jesús agrega: «la paz que les doy es un regalo que el mundo no puede dar». ¡Esto nos debería dejar más que tranquilos! La razón es que Jesús regala su paz sin mezquindades ni egoísmos, es una paz eterna, ¡que nos acompañará siempre!

No obstante, nuestra naturaleza egoísta siempre se encarga de pervertir la obra de Dios, por eso es que uno de los principales antagonistas de la ansiada paz en el matrimonio proviene de una forma deficiente de comunicarse. En muchas ocasiones los matrimonios pretenden entablar una conversación, pero lo que hay de ambos lados son solamente reproches.

En nuestro anterior libro, *Cómo hacer feliz al esposo*, uno de los capítulos hablaba sobre el idioma que está de moda: la queja. Tú debes saber que la queja también es compañera inseparable del reproche; por lo tanto, también lo podemos ver usualmente como un idioma utilizado por muchos esposos y esposas. El reproche rompe la paz y lo único que consigue es que solo nos enfoquemos en todo lo malo que tiene el otro.

Jesús hizo mención de esto cuando dijo: «¿Y por qué te preocupas por la astilla en el ojo de tu amigo, cuando tú tienes un tronco en el tuyo?» (Mateo 7.3)

Esto no es nuevo en el matrimonio. Tú debes de haber pasado por esto muy a menudo. Ver lo malo en tu cónyuge es un deporte que la mayoría de la gente casada practica a diario; y, en consecuencia, extender una queja por aquello malo que vemos solo revela cuánto de este fruto de paz está presente o ausente en nosotros.

Paciencia

Gálatas 5.22 utiliza la palabra griega *makrothumia* para hablar de paciencia, su significado también incluye «abstenerse» o «contenerse antes de pasar a la acción». Esta manifestación del fruto del Espíritu es inspirada por la misericordia, y la misericordia es motivada por el perdón.

Muchos de nosotros hemos caído sucesivamente en frustraciones al tratar de ser pacientes en nuestras propias fuerzas, pero si hasta ahora eso no ha dado resultado, es evidente que debemos tomar otro camino. Sigamos el ejemplo de Pablo, quien pudo mostrar su ilimitada paciencia hacia los demás. Él pudo perdonar porque también había sido perdonado.

La paciencia es un fruto que viene de Dios, pero la impaciencia es la perversión de la paciencia; por lo tanto, ella siempre va a producir muerte en tu vida. La impaciencia te lleva a atropellar a la otra persona y a poner tus ojos exclusivamente en ti. La paciencia es un fruto que Dios nos da para ponerlo a disposición de otra persona, especialmente al servicio de nuestro cónyuge.

La paciencia en el matrimonio

La paciencia es una de las manifestaciones del fruto que es clave para nuestra relación matrimonial. Sin ella, nuestro barco es completamente inestable y corre el riesgo de naufragar ante cualquier tormenta. ¿Cómo estás manejando tu paciencia ante tu cónyuge? ¿Has mejorado con el tiempo o te has dado cuenta que la impaciencia ha ido ganando terreno en tu vida? Analiza este aspecto de tu vida y pregúntale a tu cónyuge como él (ella) ve que se desarrolla la paciencia en ti.

Al centrarnos en nosotros mismos, atropellamos y matamos nuestra relación conyugal, la relación con nuestros hijos y la relación con las personas que nos rodean. Es imposible tratar de irradiar al mundo entero ese Dios de amor si nuestra vida está tan llena de impaciencia. La paciencia es un tesoro que actualmente se ve muy poco en las personas. Estamos tan acostumbrados al microondas y a las cosas rápidas, que todo debe de ser «para ayer», ¡y nos desesperamos para que todo se haga cada vez más rápido!

En casa solemos esperar que nuestro cónyuge sea más que diligente con nosotros; en el restaurante, queremos que nos atiendan rápido; en el banco, nos cuesta esperar nuestro turno; ¡la paciencia es necesaria para cada área de nuestra vida!

La falta de paciencia también obstruye una de las tareas fundamentales de los cónyuges: escuchar. Tú sabes de qué estamos hablando. Adoptamos la posición de tratar a toda costa que se nos escuche cuando la impaciencia nos alcanza y queremos establecer nuestros argumentos como si fueran los correctos. ¿No has pensado alguna vez, al calor de la batalla, que sería bueno ser suficientemente pacientes como para detenernos y escuchar?

A propósito de este hermoso y a veces complicado arte de escuchar, en un interesante libro titulado *La paradoja*, James Hunter, el autor (llamado John en el libro) sostiene un peculiar diálogo con un personaje llamado Hermano Simeón. John fungía como director general de una gran empresa de producción de vidrio plano, era un exitoso empresario pero un esposo y padre de familia fallido. John fue a un retiro en un monasterio y allí se encontraría con el Hermano Simeón, un hombre legendario en los círculos empresariales que se había retirado del mundo de los negocios y que ahora dictaba cursos de liderazgo en ese monasterio.

Lo que sigue son extractos de uno de los diálogos entre John y el Hermano Simeón, donde precisamente están hablando acerca de lo que significa escuchar. John, inevitablemente, habla de la frustración de su esposa, Rachael, y de sus hijos, diciendo que la frustración de su familia surge de su problema de no dejar a nadie hablar sin interrumpirlo. Simeón le responde y dice:

> John, cuando se corta así a la gente, dejándola con la palabra en la boca, se están emitiendo mensajes poco positivos. Primero, si me cortan así la palabra, es evidente que no me estaban escuchando muy atentamente, puesto que ya tenían la respuesta en mente; segundo, no me valoran en absoluto, no valoran mi opinión, y, finalmente, deben pensar que lo que tienen que decir es mucho más importante que lo que yo tengo que decir. Estos, John, son mensajes que indican una falta de respeto, que como líder no puedes permitirte emitir.[2]

¿Qué te parecieron estos detalles que rodean al verdadero y genuino hábito de escuchar? ¡Son totalmente ciertos! Las señales externas que emitimos son evidencias del trabajo interno que hemos hecho en nosotros mismos. Si constantemente cortamos e interrumpimos a nuestro cónyuge es porque aún no hemos asumido en el corazón la valoración correcta de él (ella).

Pero aun hay más. Observa este párrafo y piensa en la postura que adoptas en el momento que estás delante de tu amado(a).

...Simeón me escuchó con atención, como si lo único que importara en el mundo fuera lo que yo estaba contando. Me miraba directamente a los ojos y sacudía de vez en cuando la cabeza, para hacerme ver que entendía, pero no pronunció una sola palabra hasta que acabé del todo.[3]

Finalmente, la frase que más me impactó fue la siguiente:

Siempre que le hablaba, Simeón parecía beberse mis palabras, y eso me hacía sentirme apreciado e importante.[4]

¡Qué deleite es que cuando hablemos, nuestro interlocutor parezca «beberse» nuestras palabras! Esta analogía es apropiada para el matrimonio ya que debemos estar siempre sedientos de querer escuchar lo que nuestro cónyuge quiere decirnos. Esa es una de las maneras más efectivas como logramos que el amor de nuestra vida se sienta apreciado y verdaderamente importante.

Benignidad

Esta cualidad del fruto del Espíritu viene de la palabra griega *chrestotes*, que nos refiere a un corazón tierno y a un espíritu que cuida. También podemos definir la benignidad como excelencia de moral y excelencia de modales. Una persona benigna es afable, benévola y piadosa, como lo fue Jesús en el tiempo que estuvo entre nosotros.

En los evangelios podemos encontrar registros de la benignidad de Jesús y de la ternura de su corazón, que sin duda alguna lo heredó de su Padre. La benignidad le permitió llegar al corazón de la gente, y en este tiempo es la benignidad la que nos va a asegurar llegar al corazón de nuestro cónyuge.

La benignidad en el matrimonio

¡Este sí que es un reto en la vida matrimonial! Ser benignos y desarrollar esta manifestación del fruto le da a nuestro cónyuge las señales externas necesarias para sentirse amado, valorado y respetado. Ser benigno, por ejemplo, en el caso de los maridos, es llegar a una excelencia tal en nuestros modales con la esposa, que esta se vea sorprendida cada día con la calidad de nuestro comportamiento. Es simplemente ser todo un caballero.

Para saber en qué nivel de generosidad andamos, repasemos algunas de las cosas que todo caballero debería hacer por su bella damisela:

- Abrirle la puerta del auto
- Darle la mano al bajar
- Apartarle la silla cuando se sientan a la mesa
- Alcanzarle el teléfono celular cuando suena (evitando el grito: «¡Te llaman por teléfono!»)
- Hablarle en todo momento en un tono amable
- Nunca dejar que ella pida el taxi
- Nunca dejar que pida la cuenta en el restaurante

Es una lista bastante breve, pero si tú, caballero, observas que cada uno de estos puntos es «pan de cada día» para ti, déjame felicitarte. Son siete de las cosas básicas que todo caballero debe hacer por su esposa. Si te diste cuenta que algo de esta lista te está faltando, no te sientas mal, es normal que a los hombres les falte iniciativa y, sobre todo, una porción de benignidad. Pero será muy importante que abras de par en par las puertas de tu vida matrimonial al fruto de la benignidad para que esta «normalidad» cambie... y para siempre.

No olvidemos —por otro lado— que las señales de benignidad que las esposas dan a los esposos son más significativas cuando se traducen en un trato respetuoso y en señales externas de honra y admiración. ¡Esto es más poderoso que los detalles mismos! Hemos hablado extensamente de esto en nuestro libro *Cómo hacer feliz al esposo.*

Ahora, permíteme poner un pequeño reto delante de ti:

Ejercítate en ser benigno; muestra a plenitud tu excelencia de modales y nada contra la corriente. Los caballeros sí existen, y las verdaderas ayudas idóneas también. Prueba, por ejemplo, con «el día de la benignidad». Sé extremadamente cortés con tu cónyuge y llénalo de detalles. Pero no lo hagas solo, pide sabiduría de lo alto y estoy seguro que el Señor te revelará cuáles son los detalles que cautivarán el corazón de la persona con quien hiciste este hermoso pacto.

Bondad

La palabra griega que se traduce como bondad es *agathosune* que significa «bondad activa». La bondad es una inclinación natural a hacer el bien, lo bueno y lo correcto aun a costa de nuestra propia vida.

La Palabra de Dios dice en Santiago 1.17 que «todo lo que es bueno y perfecto desciende a nosotros de parte de Dios nuestro Padre...». Nota que Santiago dice «todo» lo que es bueno, es decir que, por oposición, debemos entender que no hay otra fuente de bondad que nuestro Dios. ¿Por qué es importante observar esto? Porque nuestra conciencia, que es nuestro propio «almacén moral», de donde sacamos los parámetros para definir lo bueno y lo malo, no siempre nos va a definir la ruta correcta hacia lo verdaderamente bueno para nuestro matrimonio.

Cuando tienes un acto de bondad, estás discriminando lo bueno de lo malo. Más que ser gentil y cortés, como hablábamos acerca de la benignidad, ser bondadoso es literalmente hacer actos buenos. Hay que advertir que la bondad no tiene nada que ver con la debilidad como algunos lo definen cuando dicen: «¡Qué buena es esa persona!».

Por el contrario, el bondadoso es una persona valiente y osada que opta siempre por el bien aun en las circunstancias más duras y difíciles.

La bondad en el matrimonio

La bondad en el matrimonio tiene muchos matices y, como lo dijimos líneas arriba, alguien bondadoso puede (y muchas veces debe) tener el carácter férreo para decidirse por lo bueno. ¡En eso consiste el matrimonio! El ejemplo más claro lo encontramos en la Palabra de Dios:

> Se acercaba la fecha de la celebración de la Pascua judía, así que Jesús fue a Jerusalén. Vio que en la zona del templo había unos comerciantes que vendían ganado, ovejas y palomas para los sacrificios; vio a otros que estaban en sus mesas cambiando dinero extranjero. Jesús se hizo un látigo con unas cuerdas y expulsó a todos del templo. Echó las ovejas y el ganado, arrojó por el suelo las monedas de los cambistas y les volteó las mesas. Luego se dirigió a los que vendían palomas y les dijo: Saquen todas esas cosas de aquí. ¡Dejen de convertir la casa de mi Padre en un mercado! (Juan 2.13–16)

¡Esto sí que fue tremendo! Puedo imaginarme lo que significó cuando, como dice la Biblia, Jesús «Echó las ovejas y el ganado, arrojó por el suelo las monedas de los cambistas y les volteó las mesas». Hay que estar bien enfadado para hacer todo eso, por eso mucha gente se pregunta: ¿se enfadó Jesús? ¿Es eso posible?

La respuesta es sí. Pero tenemos que llegar a la raíz de este acto: dice el verso 17 de esta misma porción de las Escrituras: «Entonces sus discípulos recordaron la profecía de las Escrituras que dice: El celo por la casa de Dios me consumirá» (ver Salmos 69.9).

Y ahora, definamos celo. Según el diccionario, celo es interés extremado y activo que alguien siente por una causa o por una persona.

Con todo este análisis llegamos al punto: la genuina bondad en el corazón de Jesús, el celo (interés extremado y activo) por el respeto al templo de su Padre, hizo que en ese acto separara lo malo de lo bueno, los mercaderes de la Casa de Dios.

En conclusión, tú debes ser decidida y genuinamente bueno en tu matrimonio. Quizás algunas veces te encuentres en la coyuntura en la que estuvo Jesús y eso no tiene por qué ser un freno. Lo bueno no es una opción, es un camino a seguir.

Tus actos de bondad, como hombre, definen el liderazgo que tienes sobre tu familia y construyen una imagen del líder al que tu esposa e hijos tienen que seguir; tus actos de bondad, como mujer, te definen como ayuda idónea y te perfilan como la mujer descrita en el capítulo 31 de Proverbios.

La bondad es el sello de quienes sabemos elegir lo bueno. Tú, cada día, puedes elegir lo verdaderamente bueno y, por lo tanto, ser decidido en rechazar lo malo en tu matrimonio. Una persona llena de bondad, prospera y hace prosperar a su cónyuge y a toda su familia.

Fe

¿De dónde viene la palabra «fe»? La palabra que se traduce como fe es *pistis*, y su significado es «firme persuasión, convicción, creencia en la verdad, veracidad, realidad o fidelidad».

La Palabra de Dios también define claramente lo que es la fe: «La fe es la confianza de que en verdad sucederá lo que esperamos; es lo que nos da la certeza de las cosas que no podemos ver» (Hebreos 11.1).

Una fe auténtica y genuina camina firmemente junto a Dios por el placer de su compañía, no necesariamente por los resultados que obtiene. Asimismo, en el pacto matrimonial, la fe que tenemos a nuestro cónyuge nos hace caminar también por el placer de su compañía, porque es la persona que amamos, sin buscar nada a cambio.

La fe, como vimos en el versículo de Hebreos, es la confianza de que en verdad sucederá lo que esperamos. Entonces, ¿no suena lógico esperar siempre cosas buenas de nuestro cónyuge? Si verdaderamente caminamos en fe en nuestra relación, sucederán aquellas cosas buenas que esperamos de él o de ella. ¡La fe mueve montañas y también hace caminar al matrimonio!

La fe en el matrimonio

Tengamos en cuenta lo que dice el apóstol Pablo acerca de la fe: es la confianza de que en verdad sucederá lo que esperamos. Entonces, la pregunta que resulta oportuna en este momento es: ¿qué esperamos de nuestro cónyuge?

Pienso que en estos días, más que nunca, hay escasez de fe en los matrimonios y es allí donde empiezan los conflictos. Hemos podido ver esta carencia de fe cuando a las esposas se les encarga una pequeña tarea doméstica y se corona el pedido con la frase: «¡Espero que lo hagas bien!». ¿Te sientes identificada con esto?

Eso es una confesión de fe. ¡Pero es una confesión negativa! Lamentablemente, el lenguaje de las personas casadas está plagado de pesimismo y de falta de fe. Acabamos de ver un ejemplo que se da casi a diario en los matrimonios, a nivel micro, pero ¿qué hay de la fe a nivel macro? ¿Qué hay de las cosas que tienen que ver con nuestro proyecto de vida en común? ¿Qué hay de las promesas rotas y la fe en que la próxima vez será mejor?

Hay muchas cosas que en lo natural quizás no las veamos, pero tenemos que empezar a confesarlas con nuestra boca. Si con una fe sólida abrimos campo en lo espiritual, las cosas empezarán a construirse en lo natural.

Medita en esto: ¿qué es lo que confiesas diariamente de tu cónyuge? ¿Qué tipo de declaraciones de fe van construyendo la imagen y el futuro de tu esposo o esposa? El apóstol Pablo es aun más claro en la segunda parte de su descripción de fe: ...*es lo que nos da la certeza de las cosas que no podemos ver.*

Entonces, lo veas o no lo veas en tu cónyuge, la recomendación es... ¡decláralo!

Mansedumbre

La palabra que identifica en el griego a mansedumbre es *praotes* y se puede definir como docilidad y afabilidad. No denota una expresión externa de sentimientos sino una gracia interior del alma que muestra una vida rendida a un poder real.

¿Quién es el mejor ejemplo de una persona mansa? Indudablemente Jesucristo. Solo un manso verdadero y con una dimensión de un gigante puede estar de pie ante Pilato sin sentir la imperiosa necesidad de defenderse a sí mismo.

La mansedumbre en el matrimonio

La mansedumbre le da vida a la frase: «Se necesitan dos para crear un conflicto». Dentro del matrimonio, el cónyuge manso evita que surjan peleas gracias a que esa manifestación del fruto está en todo su ser. En concreto, la mansedumbre hace que no respondamos con la misma hostilidad que en algún momento podríamos recibir. La mansedumbre no busca ganar, busca rendirse a la voluntad de Dios y a través de esta rendición traer paz a manos llenas.

Hemos escuchado muchas veces la frase que hemos mencionado líneas atrás, es muy cierta, pero podríamos agregar «se necesitan tres para vivir»:

> Alguien que está solo, puede ser atacado y vencido, pero si son dos, se ponen de espalda con espalda y vencen; mejor todavía si son tres, porque una cuerda triple no se corta fácilmente. (Eclesiastés 4.12)

La combinación esposo-Cristo-esposa es una de las fórmulas más exitosas de todos los tiempos. Esta cuerda triple permite la presencia de la mansedumbre de manera permanente y, en consecuencia una respuesta menos áspera en nuestra conversación. «La respuesta apacible desvía el enojo, pero las palabras ásperas encienden los ánimos» (Proverbios 15.1).

No dudes en que una respuesta apacible cambia los ánimos y mejora el clima de tu matrimonio. Últimamente hemos conversado con muchas personas que se acercan buscando consejería y es sintomático encontrar que uno de los cónyuges (o, en el peor de los casos, los dos) es una persona iracunda, de respuestas ásperas. ¿A qué se debe esto? Yo creo que hemos entrado a una rutina tan veloz en nuestras vidas que hacemos decenas de cosas, tenemos decenas de compromisos, y al tratar de cumplir con nuestra ajetreada agenda entramos en un estrés constante, que nos mantiene con los pelos de punta porque no sabemos si podremos cumplir con todo lo que tenemos que hacer.

¿Es posible, a partir de este estilo de vida, ser una persona verdaderamente mansa? No, no es posible. Parte de nuestra estrategia tiene que centrarse en detenernos un momento y revisar nuestras prioridades. Cuando hagamos esto y le sumemos la presencia de Jesucristo en nuestras vidas las cosas empezarán a cambiar en nuestro interior... ¡y en nuestro matrimonio!

Templanza

Egkrateia es la palabra griega que denomina a la templanza. Significa continencia, dominio propio, temperancia. La templanza nos lleva a moderar los apetitos y las pasiones; por lo tanto, lo opuesto a la templanza es «exceso».

La templanza es un asunto de dominio, de autoridad, de límites, nos asegura la libertad de amar, de experimentar con gozo, de conocer la paz, de responder con paciencia, de tener disposición para ser benignos, de ser hombres y mujeres de fe y saber ser mansos cuando más lo necesitamos.

Moderación, sobriedad, continencia. Estas son las tres palabras con las que el diccionario define a la templanza. ¿Eres tú una persona con templanza? ¿Tiene, cada uno de ustedes en el matrimonio, dominio propio en el carácter, en el comer, en la autosatisfacción y en otras áreas?

La templanza en el matrimonio

En el matrimonio, este dominio propio es vital porque las vidas entregadas a las pasiones de la carne jamás serán satisfechas. Un matrimonio sin templanza se ve socavado por la autocomplacencia, el gran mal de este siglo.

Ningún sector de nuestra vida ha necesitado tanto del dominio propio como lo ha necesitado el matrimonio. Al ser una entidad que solo florece con la «muerte» de la vida individual de ambos, lo ilimitado de nuestro deseo de autosatisfacernos puede resultar en un gran tropiezo, pero la templanza manifestada en fruto nos ayudará a refrenar nuestra lengua de toda maledicencia, a evitar expresiones ásperas contra nuestro cónyuge, a no optar por la comida como refugio, y a dejar de hacer decenas de cosas perjudiciales que requieren de nuestra total moderación.

Conocimos a una mujer de Dios que era un ejemplo en casi todas las áreas de su vida. Era una sierva impresionante y su servicio en la Casa del Señor era intachable. Solo había un área de su vida que le estaba pasando una gran factura: la incontinencia en la comida. Su testimonio ejemplar se estaba desmoronando debido a que la ansiedad le hacía comer y ganar sobrepeso. Como era previsible, esta actitud le empezó a generar problemas en su matrimonio y su esposo no pudo evitar reflejar cierto descontento con la manera como su esposa estaba afrontando sus preocupaciones.

Las conversaciones entre ellos se tornaron más difíciles y la reacción de ella acentuó más esta costumbre de comer por ansiedad. Él tampoco ayudó mucho en esta situación ya que la condenación nunca nos llevará por caminos de bendición, así que las cosas se complicaron a tal punto que fueron necesarias largas sesiones de consejería para cortar ese problema de raíz.

¿Era evitable esto? Claro que sí. La ausencia de templanza suele ser extremadamente nociva para nuestra vida física y espiritual, entonces, lo que se requería era tener un fruto maduro.

MADURANDO EL FRUTO

Cada uno de estos frutos son indispensables en nuestra vida, pero maduros. No nos servirán de nada si no ponemos todo nuestro esfuerzo en reflejarlos en nuestra vida matrimonial. ¡Por algo se llama fruto! Pero ten presente algo: todo fruto madura con el tiempo. No intentes tomar la decisión de ser la persona más paciente «¡desde este instante!»; o no esperes que, repentinamente, la templanza sea tu bandera en todo lo que hagas porque de hacerlo te expones a sufrir una gran decepción.

Y mucho cuidado, porque también hay frutos malos. La ausencia de él, o lo podrido que esté, es igual de nocivo para nuestra vida matrimonial. Escudriña las áreas de tu vida en las que no sea visible el fruto y ¡manos a la obra! Permitir que madure el fruto en nosotros, más que un deber, es una responsabilidad.

Cuando el poder del amor nos ayude a madurar el fruto, y estemos verdaderamente revestidos de él, encontraremos mucho de lo que siempre hemos soñado para nuestro matrimonio, y tenlo por seguro que así estaremos preparados para hallar una fórmula eficaz para comprendernos mejor.

CAPÍTULO 5

EL PODER DEL AMOR DESATA COMPRENSIÓN EN LAS DIFERENCIAS

Cuando aprendamos que somos diferentes y que nos comunicamos de una manera distinta, vamos a aprender a valorar esas características únicas que tienen el hombre y la mujer. Por ejemplo, a pesar de que el Señor me ha llamado a compartir temas de identidad de hombre, temas de paternidad y temas de familia ¡igual sigo comportándome como un hombre! Entonces, si me preguntaras: «Guillermo, ¿cuántos jeans tiene tu hija mayor?» o «¿cuántos pares de zapatillas tiene tu hija menor?», la respuesta sencilla y directa sería: «Ni idea». Y si me preguntaras: «¿En qué estado se encuentran esos jeans y esas zapatillas?», la respuesta una vez más sería: «Ni idea...».

Sin embargo, si le preguntaras lo mismo a Milagros, estoy más que seguro que ella se acordará de la cantidad exacta de jeans y zapatillas que mis hijas tienen, dónde los compraron, si algunos están más desgastados que otros o si algunos ya merecen reemplazo.

Entonces, si nosotros llegamos a entender a cabalidad que somos diferentes, cuando a mí me pregunten: «¿Sabes si los chicos necesitan ropa?» y yo responda: «Pues... no sé...», ella no se va a ofender pensando que soy un despreocupado o que mis hijos no me importan, que solamente pienso en mí o que soy un mega monumento a la insensibilidad. Eso no. Ella va a saber que yo fui creado con otro molde. Ahora, cuando ella haga ese tipo de preguntas, yo tampoco voy a pensar que está buscado incomodarme, sino que en ese entender que somos diferentes ella se puede fijar en detalles en los que yo no me fijo. Aquí nadie es menos, nadie es más, lo único que ocurre es que somos diferentes.

EL GRAN DESAFÍO DE LA COMUNICACIÓN

Para que puedas madurar, para que puedas ser uno con tu cónyuge y tener una descendencia santa, vas a necesitar de la comunicación. La comunicación es un elemento clave que se necesita en la vida matrimonial. El doctor Edwin Louis Cole decía que la comunicación, el sexo y el dinero son los tres elementos más poderosos y desafiantes que existen en toda relación de pareja. En su obra clásica del mismo nombre, *Comunicación, sexo y dinero*, pone en evidencia que la mayoría de las parejas que se divorcian lo hacen primeramente por un tema de comunicación, luego por un tema de sexo y después por temas que tienen que ver con el dinero.

Centrémonos en la comunicación, que es la base de la vida. Si tú no tienes una buena comunicación, estarás destruyendo todo lo que tienes a tu alrededor. El doctor Cole también decía que la buena comunicación en la vida comienza con una buena comunicación con Dios.

Constantemente nos estamos comunicando, sea con nuestro cónyuge, con nuestros hijos, con nuestros clientes, con nuestros vecinos o con Dios. Minuto a minuto lo estamos haciendo, por eso la buena comunicación se convierte en un gran desafío. Pero cuando la comunicación se detiene, esto da origen a la anormalidad, y la anormalidad siempre traerá la muerte.

Uno de los orígenes de las enfermedades es cuando se detiene la comunicación entre las células, cuando esto ocurre empiezan a ocurrir anormalidades en nuestro cuerpo como tumores, cáncer, diabetes, infartos y tantas otras cosas; y el fin de todo esto suele ser la muerte.

Este mismo principio sirve para tu matrimonio como para tu relación con Dios: cuando se detiene la comunicación en tu hogar ¿no es cierto que empieza la anormalidad? Y así podemos ver celos, conjeturas, dudas, incredulidades y tantos otros «misiles» destructores para nuestro matrimonio.

LA COMUNICACIÓN ES MÁS QUE PALABRAS

Cuando pensamos en comunicación, creemos que solo tiene que ver con hablar, pero la comunicación es mucho más que eso, es poder expresar lo que hay dentro de ti, con gestos y actitudes ¡no solamente con las palabras! Pero si no nos preocupamos en saber cómo debemos comunicarnos vamos a producir muerte en nuestra relación matrimonial, y lo más triste es que nuestros hijos van a crecer con un corazón cada vez más alejado del nuestro, porque no sabemos cómo expresarles amor ni sabemos cómo decirles lo especiales que son.

Para darnos cuenta de cómo debe ser la comunicación, primero debemos saber y entender que hombres y mujeres somos diferentes. A Dios se le ocurrió que no era bueno que estemos solos, porque al estar juntos en esta relación horizontal podemos entender lo imperfectos que somos y lo perfecto que es Él; podemos entender lo condicional de nuestro amor y lo incondicional del amor de Él; si a eso le añadimos que somos diferentes y aun a eso le añadimos que nos comunicamos en foma diferente, entonces el reto para tener un matrimonio para toda la vida es bastante grande, ¡por eso necesitamos siempre a Dios de por medio!

Una de las primeras cosas que debemos entender para tener una buena comunicación, es que el hombre y la mujer fueron creados para cumplir funciones y propósitos diferentes, y estas diferencias tienen el objetivo de traer balance y bienestar.

SOY DIFERENTE PORQUE MI CEREBRO ES DIFERENTE

Los dos hemisferios del cerebro de la mujer están interconectados por lo que se llama *corpus colosum*, que básicamente es un sistema nervioso que une el lado lógico con el lado relacional que tiene todo ser humano.

Sin embargo, para el hombre, este tema tiene una variante pequeña pero significativa. En 1981 el doctor Roger Wolcott Sperry ganó el

Premio Nobel por haber descubierto algo que revolucionó al mundo: existe un baño químico de testosterona que recibe el tallo cerebral del feto masculino entre las semanas dieciséis y veinticuatro de gestación; en ese momento, el *corpus colosum* del niño queda separado. ¡Miren lo sabio que es Dios! La misma hormona masculina, aquella que nos ayuda a definirnos como varones, entre las semanas dieciséis y veinticuatro, carcome —por decirlo de alguna manera— el cerebro del niño, separándolo; por lo tanto, casi deja de haber comunicación entre los dos lados del cerebro del hombre. Estimada lectora, tú ya puedes sentirte relajada, respirar hondo y decir ¡ya entiendo!

¿Por qué razón pasa esto? Porque el hombre y la mujer fueron llamados a cumplir propósitos y funciones diferentes, y Dios en su extraordinaria sabiduría crea todo este complicado baño químico en el cerebro del hombre para definir el comportamiento tanto de este como de la mujer. Es por esto es que el hombre es más lógico y la mujer es mucho más relacional. ¿Por qué? Porque la mujer está procesando todo lo que le acontece con las dos partes del cerebro.

Pero para comprender mucho mejor qué es lo que significa esto, vamos a nuestra vida diaria y veamos lo que hacen las mujeres: ellas pueden tener una carne en el horno mientras están viendo televisión; pueden también estar hablando por teléfono, cuidando que los chicos hagan sus tareas y seleccionando la ropa que están metiendo a la lavadora... ¡todo al mismo tiempo y lo hacen muy bien! Ellas saben en qué punto se encuentra cada cosa que están haciendo ¡y no se les escapa ni un solo detalle! Esto es típico de las mujeres en cualquier lugar del mundo: pueden estar haciendo varias cosas al mismo tiempo.

TODO A LA VEZ O UNA SOLA COSA A LA VEZ...

Cuando me casé con Guillermo ¡yo pensé que él también podía hacer todo a la vez! Y empezaba con mi ráfaga de instrucciones: «Guillermo, por favor, baña a los niños, levanta los platos de la mesa y cámbiale el agua al perro; yo tengo que salir pero regreso en un ratito; también asegúrate de que las tareas estén hechas y revisa que en la refrigeradora estén las cosas que necesitamos para mañana». Guillermo me miraba con asombro y me decía: «¡Una por una las cosas por favor, mujer!». Y yo volvía a lanzar toda mi andanada a la velocidad del rayo.

Cuando regresaba a casa ¡me sentía frustrada! Miraba a mi esposo y le decía: «¡Cómo no has podido hacer esto si solo tienes que poner esto acá, mirar aquí y llevar esto allá! ¡Es facilísimo!». Y, por supuesto en mi cerebro el único pensamiento que tenía era: *¡Pero qué lento que es este hombre!* Y mi vida en casa se llenaba de frustración. ¿Pero saben una cosa? Aunque tardé un poco en asumirlo, me di cuenta que... ¡él es normal! ¡Y yo también!

El hombre fue diseñado para otras funciones. De hecho que sí nos pueden ayudar en esas tareas, pero debemos entender que ahí no están sus fortalezas. Ellos fueron creados para liderar y esa labor lo tienen que hacer de una forma más lógica.

Ellos van paso a paso, punto por punto ¡pero saben dónde están yendo! Pueden tomar decisiones sin involucrar emociones, en cambio nosotras involucramos emociones en todo, hasta para una decisión laboral si eres gerente: «¡Cómo la voy a despedir si tiene a su hijo enfermo!»; en cambio el hombre ve que alguien no es eficiente en su trabajo y hace lo que tiene que hacer. En resumen, él no tiene que ser como yo, pensar como yo, ni tener la perspectiva que yo tengo de las cosas.

PIENSO EN ZAPATOS, VOY POR ZAPATOS. ELLA PIENSA EN ZAPATOS Y EMPIEZA POR JEANS

Después de todo esto que hemos dicho, podemos ver que simplemente Dios nos ha creado diferentes para cumplir tareas diferentes. El hombre fue creado para liderar, y es por eso que no necesariamente involucramos sentimientos cada vez que tomamos una decisión. El hombre tiene la capacidad dada por Dios para centrarse en algo y no desmayar hasta terminar; esto puede incluir algo que Dios le haya dicho o algo que es el deseo de su corazón. En cambio, como la mujer es mucho más emocional y tiene ambos lados del cerebro comunicándose entre sí y cada uno de estos lados dando vueltas como un torbellino, ella tiene capacidades diferentes y realiza otro tipo de tareas. Ninguno es más que el otro, simplemente somos diferentes y tenemos que entenderlo así.

Un ejemplo que probablemente se venga repitiendo desde cientos de años en que existen las tiendas que venden zapatos, se da cuando los hombres queremos comprarnos un par. ¿Qué hacemos? Por lo menos yo voy al punto: salgo de cacería, cazo mis zapatos ¡y me voy feliz con mi presa! En cambio ellas entran al centro comercial, pasan por la zapatería, se prueban todos los zapatos, no compran ninguno y deciden ir a ver a otra tienda. Por supuesto que en esa tienda encuentran algo más que les llama la atención, así que empiezan a ver jeans, blusas y otras cosas. Pero eso no es todo, porque seguramente entrarán a otra tienda donde verán una casi grotesca cantidad de carteras, y de ahí se pasarán a otra tienda donde aprovecharán para tomarse un café y darse un respiro. Y después de haber tomado aire, entran a la primera tienda donde estuvieron probándose todos los zapatos, solamente para comprar el primer par que habían escogido. ¿No les suena familiar? ¡Es que somos diferentes!

¡ELLOS ESTÁN EN... NADA!

¡Las mujeres somos así! Y lo fantástico de todo esto es que somos normales. Esto tenemos que entenderlo bien para que no siga ocasionando discusiones. Porque si no somos conscientes de que eso es normal en nosotros, ¡podemos llenarnos de desilusión! Recuerdo una ocasión en que estábamos de compras y le dije a Guillermo: «Necesito ir al baño». Entonces, él inmediatamente ubicó donde estaba el baño y me dijo: «Es por aquí Mili, vamos, te acompaño». Entonces en el camino vi unos letreros que decían OFERTAS y no pude resistirme a detenerme y echar una mirada, porque estoy pensando en que les podría comprar algo a mis hijos. Guillermo me miró y me dijo: «Y, Milagros, ¿no se suponía que ibas al baño?». Y yo le contesté: «Guillermo, ¡no puedo dejar de ver estas ofertas! ¡Aquí puede haber algo para Paz, para Fe y para Juan Guillermo!».

Nosotras vemos detalles... ¡Demasiados detalles! ¡Estamos pensando en tantas cosas a la vez! Pero los hombres tienen casilleros en sus cabezas, y teniendo esos casilleros están diseñados para hacer una sola cosa a la vez. ¡Una vez que ocupan un casillero ya no queda espacio para prestar atención a otra cosa que quepa en ese mismo casillero!

¿Cuántas mujeres han visto a sus esposos mirar televisión? ¡Es una transformación en la vida del hombre! Ellos están completamente pegados, con la mirada clavada en la pantalla viendo sus deportes y nosotras queriéndoles hablar del colegio de los hijos, de la paz mundial o de lo interesante que encontramos una revista que acabamos de hojear. ¡Es imposible! ¡Ni siquiera nos hacen caso! Con suerte podremos escuchar alguna sílaba como «Ya, ya...» mientras siguen disfrutando de su programa. ¿Saben por qué pasa esto? ¡Porque están metidos en su casillero «deportes»!

¡No saben el alivio que sentí cuando me enteré de que ellos hacen una sola cosa a la vez! Eso cambió mi vida. Entender que uno de los casilleros del hombre tiene el rótulo de NADA. ¡Es increíble! ¡Pero es real! ¿Nunca han visto a sus maridos «en nada»? Tú le preguntas en qué anda y te da la respuesta más increíble (pero muy real): «En nada».

¡Las mujeres no podemos imaginarnos que los hombres tengan un casillero que diga NADA! ¡Eso es imposible para nosotras! Por eso le volvemos a preguntar a nuestro esposo: «Vamos, dime en qué piensas» y la respuesta vuelve a ser: «En nada». ¡Increíble! Ellos están en el cuadrado del deporte y sus pensamientos están ocupados en el deporte. Cuando están en el cuadrado de cosas de la oficina ¡créanme que están concentrados en la oficina!, pero cuando ocupan el cuadrado «nada» tenemos que aceptarlo, ¡están en nada! ¡Y eso no es malo!

¿Han visto ustedes cómo son los wafers? Son como unas galletas que tiene muchos cuadraditos, ¡así es el cerebro del hombre! Sobre esto hay un interesante libro que se llama *Los hombres son como waffles, las mujeres como espaguetis.*[1] Allí los autores nos cuentan que a los hombres les gusta hacer una sola cosa a la vez ¡para hacerla bien! Entonces, ellos tienen un cuadrado de familia, un cuadrado de *hobbie*, otro de oficina y, por supuesto, uno con el rótulo «nada».

Las mujeres, por su parte, son como unos tallarines en todo su ser, pensamientos, y emociones, ¡todo es una conexión total! Entonces, como normalmente están totalmente conectadas, no pueden separar nada de sus vidas. No pueden separar la vida del trabajo con el hogar, ni separar el aspecto sexual, porque todo es una unidad ¡y en todo involucran emociones! ¡Hasta cuando cocinan involucran emociones! ¡Pobre del marido que llegue y le diga a su esposa que lo que ha preparado está feo! ¡Eso le dolerá a la mujer en lo más profundo del corazón!

¿Y por qué pasa esto? Porque ellas no sienten que se les dijo «feo» a su comida sino que él dijo «feo» refiriéndose a ella.... ¡Eso las hiere porque todo está totalmente enlazado! Y esto tiene una base científica...

Aun cuando van al baño, las mujeres rara vez cierran la puerta porque les cuesta apartarse o, mejor dicho, «desconectarse» aunque sea por un momento. ¡Ellas creen que tienen que estar listas para cuando se les necesite! Pero eso no es todo. ¿Se han dado cuenta que aun desde el baño las mujeres siguen desempeñando su rol de madre? ¡Desde allí corrigen, dan órdenes, opinan, comentan y administran el hogar!

¿Y cómo son los hombres en un lugar tan íntimo como es el baño? Ellos cogen su periódico o su revista, cierran la puerta y automáticamente sus cables que los conectan con el exterior se desconectan ¡y sin remordimiento alguno! En la casa pueden estar pasando muchas cosas, pero ellos están en un cuadrado de donde no van a salir hasta que los cables que los conectan con el exterior automáticamente se reconecten una vez que salgan de allí.

Recuerdo que cuando era pequeña, cuando mi papá dormía ¡nadie hacía bulla! Mi casa tenía que estar en un silencio absoluto y casi sepulcral. Todos sabíamos que cuando mi papá dormía teníamos que «colaborar» con su sueño. En cambio, cuando mi mamá dormía, todos los hijos nos acercábamos e inocentemente preguntábamos: «Mamá,

¿estás dormida...¿». Nosotros sabíamos que de una u otra manera ella nos iba a contestar. Y es que las mujeres siempre están conectadas con todo su alrededor.

¡YA NI ME LLAMAS! ¡SNIF, SNIF...!

Querida lectora, ¿alguna vez te has quejado con tu esposo de que nunca te llama desde su oficina? Yo me quejaba a cada rato de eso con Guillermo... hasta que descubrí que esto les pasa a todos los hombres... y a todas las mujeres. Felizmente, no es un acto de maldad escondido en las profundidades del alma ¡es solamente que el hombre está enfocado en lo que hace! No obstante, a pesar de estar conscientes de esto créeme, estimado hombre de Dios, que es muy importante que te des un tiempo para llamar a tu esposa y llenar esa necesidad de amor y detalles que ella tiene a flor de piel.

Entonces, ¿qué es lo que nos pasa? No nos cansaremos de repetirlo: ¡simple y sencillamente somos diferentes! Creados en la hermosura de Dios para complementarnos y apoyarnos mutuamente. La mujer es mucho más de detalles, los hombres son más de generalidades. Por eso es que cuando el hombre está buscando algo desesperadamente en el dormitorio y no lo encuentra, recurre a su esposa ¿y qué crees? Ella inmediatamente le dice: «¡Pero mi amor, aquí está, delante tuyo...!».

También la mujer tiene más tendencia a la intimidad emocional. Ellas han nacido para llegar a esa intimidad emocional mucho más rápido que el hombre. En cambio ellos nacieron para desear una intimidad sexual mucho más rápido que la mujer, y es eso lo normal en el diseño perfecto de Dios.

Las mujeres tienden a pensar: *A él solo le importa el sexo, es para lo único que se me acerca*, y allí empiezan a poner juicio sobre él. Pero las mujeres deben entender que Dios los creó así, con mucha más facilidad que las mujeres para pensar en el sexo. Ese es el diseño de Dios y no hay ningún error en ellos. Así también funcionan las mujeres cuando buscan la empatía de otra mujer cuando tienen algún dolor o alguna alegría.

Ellas siempre están dispuestas a escuchar a otros y les gusta ser escuchadas. Eso es muy diferente a lo que hacen los hombres en cuanto a relacionarse. Ellos nunca llaman desesperadamente a su mejor amigo para contarle con lujo de detalles toda su vida. Nuevamente, eso no tiene nada de malo, simplemente que Dios nos creó diferentes.

¿Se han dado cuenta que cuando nosotras estamos en una reunión y necesitamos ir al tocador nunca vamos solas? ¡Así es! No solo somos relacionales sino que necesitamos con urgencia compartir nuestras emociones a cada momento, entonces aprovechamos ese momento para irnos al tocador ¡siempre acompañadas! ¡Y si es posible nos vamos cuatro o cinco chicas juntas! Pero ¿Qué es lo que realmente está sucediendo aquí? Pues que para nosotras, ir al tocador es mucho más que eso, significa sacar de nuestras carteras el celular para ubicar a los hijos y saber que están bien en casa, significa también ver si está bien nuestro lápiz labial, el rímel y si el vestido está en su lugar... en fin. ¡Es disfrutar del tiempo con las chicas con las que estamos acompañadas!

En cambio, en estas dos décadas y un poco más que tengo de casada con Guillermo, nunca he visto que cuando él tiene deseos de ir al baño le haya dicho a un amigo: «¿Me acompañas al baño?». ¡Ellos no son así! Ellos tienen algo específico que hacer en ese lugar y por eso van, lo hacen y regresan al otro «cuadradito» de actividades que interrumpieron para ir al baño. ¡Y eso no es todo! Porque cuando están adentro y ven que hay alguien cerca, inmediatamente se van al otro extremo porque siempre son cuidadosos de sus espacios.

¿NOSOTRAS AL GRANO? ¡JAMÁS...!

Pero una de las cosas más curiosas en nuestras diferencias es que nosotras tenemos un lenguaje indirecto para comunicarnos. Son innumerables las veces en que hemos tenido que ir a un compromiso y me he parado frente al guardarropa para solo exclamar: «¡Dios mío, no tengo nada que ponerme...!». Cuando digo esto y Guillermo está junto a mí, puedo ver lo sorprendido que se queda con mi declaración. Hasta puedo saber lo que está pensando: *¿Nada? ¡Pero si la mayoría del guarda-rropa es tuyo!*

Y, claro, para ellos «nada» es simplemente eso: «Nada». Y eso significaría para ellos un guardarropa totalmente vacío, donde realmente no haya absolutamente nada que ponerse. ¡En cambio para nosotras «nada que ponerme» es mucho más que eso! Es nada que no me haya puesto anteriormente, es nada que combine con los zapatos que compré, o es nada que haga juego con los colores de mis carteras.

¡Hombres y mujeres tenemos formas tan increíblemente diferentes de comunicarnos! Por ejemplo, cuando la mujer quiere comunicar algo que para el hombre debería ser claro y específico, ocurre la siguiente situación: él llega de trabajar por la noche y ella le pregunta: «¿Cómo te fue mi amor?». Él, como siempre, responde con un escueto «Bien». Hay un momento de silencio; ella lo mira, y como ya ella se preocupó por él viene el momento en que él debería preocuparse por ella, así que le dice: «¡Ahhh... me siento tan cansada! ¡No sé por qué estoy un poco adolorida...!».

Estimadas mujeres ¿qué quiere decir este mensaje? ¡Sé que ustedes lo saben! Así que me dirijo a los caballeros: estimados hombres fuertes y valientes, ese mensajito quiere decir: «Mi amor... ¿podrías servirte tú la cena y darme un tiempo de descanso?»; sin embargo, este mensaje no es recibido por los hombres. Lo que ellos normalmente hacen es sentarse y decir: «Mi amor, sírveme la comida... ¡tengo tanta hambre! Pero... ¿qué me estabas diciendo...?».

¡Para muchas mujeres esto es una cosa de locos! Ellos no «agarran» el verdadero mensaje de «por favor atiéndete tú solo y ayúdame en las cosas de la casa». Pero es que la mujer casi siempre suele tener un mensaje implícito entre sus palabras. No usamos un mensaje directo, y eso muchas veces ocasiona una crisis tremenda. Entonces ¿cuál es la recomendación? Pues, en la medida de lo posible, ¡ser más concretas y directas con ellos!

Recuerdo que una vez que íbamos en el auto y en nuestra ruta estaba un restaurante al cual yo tenía muchos deseos de ir, así que no

se me ocurrió mejor idea que decir: «¿No tienes hambre, Guillermo?».
Automáticamente recibí la respuesta: «No Mili, no tengo hambre».
Pasaron cinco minutos y yo estaba con mi cara larga y Guillermo no
tardó en notar que algo no estaba bien, y el diálogo fue como sigue:

—¿Pasa algo Mili?

—No, nada...

—No creo... Dime qué pasa Milagros...

—¡Ya te dije que nada!

—Pero hace un rato no estabas así, dime qué pasa.

—¿Cómo que qué pasa, Guillermo? ¡Te estoy diciendo desde allá
que te detengas para comer algo!

—¡Pero tú nunca me dijiste que querías comer algo! ¡Tú me pre-
guntaste si yo tenía hambre, y yo te respondí que no tenía hambre!

¿Se dan cuenta cuán diferentes somos y la manera en que nuestra
comunicación es diferente?

¿TENDRÁ «IR A LA PLAYA» DOS SIGNIFICADOS?

Recuerdo también que en una ocasión estábamos yendo a la playa
(hago un paréntesis para mencionar que a Guillermo le encanta el *surf*
y es un deporte que han heredado mis hijos), las tablas estaban prepa-
radas en la camioneta e íbamos con dirección al mar. Yo, por supuesto,
aprovechaba en pensar otras cosas como: «Uhmmm... vamos a pasar
por la casa de mi tía y voy a aprovechar en devolverle ese mantel».

En pleno camino a la playa le digo a mi esposo: «Guillermo ¿podemos voltear a la derecha un poco más adelante? Son solamente dos
cuadras para entregar este mantel a mi tía que no la veo hace mucho...».
Guillermo me mira y me dice: «Está bien». Entonces vamos, le dejamos el mantel a mi tía y nos enrumbamos otra vez a la playa. Pero
apenas subimos me pongo a pensar: *Qué bueno, vamos a pasar cerca de la
panadería donde venden unos pancitos riquísimos, creo que sería ideal comprar
unos cuantos para llevarlos a la playa y los chicos se los puedan comer cuando
tengan hambre.*

¿Es esto justo o injusto? La respuesta es ni lo uno ni lo otro pues no se trata de justicia sino de que somos diferentes. Temprano, Guillermo pensó: *Vamos a ir a la playa*, ¡y él está enfocado permanentemente en eso! Para él eso significa: *Me levanto, preparo todo y me voy directo a la playa.*

La mujer quiere sacar siempre el máximo provecho de lo que hace. Recuerdo la expresión de Guillermo cuando iba feliz, directo a la playa, a setenta millas por hora, estábamos cerca de la panadería y de pronto me acordé que quería esos riquísimos pancitos, por lo que sobresaltada le dije: «¡Guillermo, tienes que parar!». Entonces yo solo escuché el chirrido de las llantas y vi cómo todos nos íbamos para adelante. Después de esta abrupta parada noté la preocupación de Guillermo para preguntarme: «¿Qué pasó?». Yo le dije: «Mi amor, el pancito...».

Después de esto, vi la transformación de la cara de Guillermo y pude notar cómo desaparecía de su rostro la sonrisa playera. Pero aun había más. Un poco antes de llegar a la playa habían unos baños públicos y lo primero que pienso como mamá es: *¡Los chicos tienen que ir al baño!* Así que le digo: «Guillermo, aquí cerca hay unos servicios higiénicos que están en muy buenas condiciones, sé que son limpios y creo que sería bueno que los chicos vayan para estar tranquilos en la playa».

Es evidente que después de este pedido Guillermo ya no dice nada, no me mira y tampoco hace gesto alguno. Solo se detiene y siente como algunos grados centígrados se van añadiendo a su cara mientras piensa: *La próxima vez me voy solo.*

Y llegó el momento esperado... ¡Llegamos a la playa! Es la hora de bajar las cosas del carro, pero mi instinto de mujer me dice que algo no anda bien en ese silencio de Guillermo, así que el diálogo es como sigue (cualquier parecido con un diálogo anterior, es pura coincidencia):

—¿Te pasa algo?

—No Mili, no me pasa nada.

—No parece, te veo serio.

—Ya te dije que no me pasa nada...

—Guillermo, te conozco, algo te pasa.

—¡Pero qué me podría pasar! —exclama Guillermo dejando ver que sí le pasaba algo.

—¡No puedo creerlo! ¡Eres un insensible! Hacemos el esfuerzo de salir todos juntos, estamos por pasar un lindo día de playa con los chicos y tú lo único que haces es pensar en ti...

¿Por qué pasa todo esto? Porque para la mujer el concepto de «ir a la playa» es mucho más que el trayecto y la playa misma. Nosotras normalmente queremos sacarle el jugo a estas salidas, y cuantas más cosas podamos resolver en el día de playa ¡pues tanto mejor!

¡Si tan solo pudiéramos entender que realmente somos diferentes!

PALABRAS MÁS, PALABRAS MENOS...

Lo mismo ocurre cuando hablamos por teléfono. Milagros habla con su mamá unos quince minutos y, a veces (de una manera muy inocente), le pregunto: «¿Y cómo está tu mamá?». Entonces, ella, como buena mujer, tiene una capacidad asombrosa de reproducir cada palabra que ha dicho y cada palabra que su mamá ha dicho... ¡Pero eso no es todo! A eso le agrega las impresiones que cada una de ellas tiene sobre la conversación, la manera cómo ella leyó entre líneas algunos comentarios que se hicieron y el análisis del tono con que se lo dijeron (porque allí también hay algo por descubrir).

¿Y qué ocurre cuando los hombres hablamos por teléfono? Después de diez minutos conversando con mi mamá (donde, por supuesto, la mayoría de la conversación la hace ella), Milagros me pregunta: «¿Y cómo está tu mamá?». Yo me esfuerzo por recordar algunos datos pertinentes para dar un buen resumen, pero en vista que no consigo mi objetivo, espontáneamente respondo: «Ehhh... bien... Ella está bien». Entonces Milagros me dice: «¿Has conversado diez minutos con tu mamá y solo me dices que está bien?».

Según algunos estudios, el hombre comunica de veinte a veinticinco mil palabras por día, mientras que la mujer comunica de setenta a setenta y cinco mil palabras por día. ¿Y por qué la mujer habla más?

Porque ha sido diseñada para tener intimidad emocional mucho más fácilmente que el hombre. El hombre no necesita tener un confidente o un «mejor amigo» como sí lo tienen las mujeres, en cambio ellas desfallecen si no tienen a quien contarle sus intimidades.

Cuando nos pasa cualquier cosa, nosotras en el acto estamos llamando a nuestra mamá, a nuestra hermana, a nuestra tía, a la amiga ¡o a quien quiera escuchar lo dramático que es nuestro caso! Estamos al detalle exponiendo nuestras intimidades y cuando terminamos, nos sentimos más que bien. ¡Pero en realidad el problema sigue allí no obstante que alguien ya tuvo empatía conmigo, se identificó con mi cruda realidad, y eso me hace sentir más descansada y relajada! De pronto ese peso que estaba sobre mis hombros, ahora que hablé, es mucho más ligero.

En cambio, cuando el hombre quiere relajarse ¡ellos no buscan a su mejor amigo para desbordar sus penas ante él! ¿Se han dado cuenta que su relajo muchas veces es sentarse a ver deportes en la televisión o una película? ¡Y si es de guerra o de *Star Wars*, tanto mejor! ¡Así se relaja!

La mujer necesita meditar sobre sus temas, saber qué opinan los demás y formarse una opinión propia acerca de la opinión de los demás... ¿Parece un enredo? ¡Sí que lo es! Recuerden que ambos hemisferios del cerebro de la mujer están interconectados ¡y todo es un gran tallarín!

SOMOS DIFERENTES, PERO LO CORRECTO SIEMPRE ES LO CORRECTO

Cuando nos comunicamos entramos a un caminar como equipo. Yo ya no estoy compitiendo con él y ya no estoy recibiendo el mensaje de «no me quiere»,«mis hijos no son importantes» o «lo único que le interesa a este egoísta es su trabajo, su ministerio y sus cosas». Eso es lo que las mujeres tendemos a percibir cuando vemos que ellos no están completamente conectados, o cuando no reaccionan como nosotras reaccionamos, o cuando no hacen lo que nosotras creemos que deben de hacer.

Entonces, cuando entendemos que ellos no van a reaccionar ni harán las cosas como nosotras, ¡no es porque no nos amen o no amen a nuestros hijos! ¡Es simplemente porque son diferentes! Cuando tú entiendes esto, podrás madurar en tu relación, podrás entender a tu esposo, pero lo más importante es que ¡podrás ayudarlo!

Les voy a poner un ejemplo más. Tenemos tres hijos y en algún momento había que prepararles la lonchera a los tres, lo que quiere decir que alguien tenía que ver los *sandwiches*, los jugos, el jamón, el queso, el yogur y todo lo que utilizábamos para la merienda en el colegio. Cuando todo estaba listo, yo iba donde Guillermo con un papel y le decía: «Guiller, escríbele una notita a cada uno de los chicos». Entonces, antes de cerrar la lonchera, dejaba a cada uno de ellos esa notita.

Por ejemplo, a Paz le escribía: «Paz, querida hija, deseo que tengas un súper buen día. Siempre recuerda que tú eres mi Princesa amada. Te ama, papi». A Juan Guillermo: «Eres mi súper campeón. Dios ha creado este día para ti para que lo vivas en victoria». A Fe: «Eres mi bombón de amor, eres lo más dulce que Dios ha creado, disfruta este día». Cuando Paz, Fe y Juan Guillermo están en el colegio y abren sus loncheras ¡en la que menos piensan es en mí! ¿Quién está ahí, presente en la lonchera? ¡El papá!

Como yo veo detalles, y Dios me creó para ser muy sensible a las cosas delicadas, como ayuda idónea de él, mi responsabilidad delante de Dios es que el corazón del hombre con el que yo me casé, esté enlazado con el corazón de sus hijos. Y lo que yo tengo que hacer es usar todos esos dones y esos detalles para poder interrelacionarlos a ellos sin que yo esté presente. Y una verdadera mujer de Dios es la que sabe exactamente cuál es su papel y para qué Dios la creó.

LAS DIFERENCIAS SIRVEN PARA HACERNOS MADURAR

En nuestra juventud, cuando hemos estado fijándonos en el sexo opuesto y ya estábamos viendo «candidatos», estoy segura que a los callados les encantaba ver a las chicas elocuentes y habladoras. ¡Ese desenfado y esa libertad era un disfrute total! Y, al contrario, a las habladoras les encantaba ver prudencia y circunspección, seguramente era lo más adorable que habían visto. Entonces, eso que en algún momento nos cautivó de nuestra pareja ¡en el matrimonio es algo que puede llegar a ser insoportable!

Las diferencias sirven para hacernos madurar. A mí me encanta comer la comida con mucho ají. Tú puedes echarle ají a cualquier plato y sabe riquísimo, digamos que... ¡no hay comida fea con ají! Incluso a los huevos, en el desayuno, yo suelo echarles ají. ¡Pero Guillermo es totalmente diferente! A él le gustan muchas comidas prácticamente al vapor. Él disfruta sintiendo el sabor del brócoli y del pimiento. ¡Yo no podría!

En su cumpleaños a él le encanta estar solo conmigo ¡y a mí me gusta tener mucha gente! Me encanta el olor a cera en el piso, el olor de las cosas que se están cocinando, hacerlo todo rápido. ¡Me encanta la gente y el alboroto! En cambio, Guillermo disfruta su cumpleaños estando sentado, con una taza de café y con un buen libro. Y me olvidaba... ¡Conmigo al lado en silencio! En ese momento le doy gracias a Dios por Guillermo y por nuestras diferencias... ¡y porque esto ocurre solo una vez al año!

Yo soy muy calurosa y él es friolento. ¡Somos como el agua y el aceite! Pero en estas diferencias es que uno va aprendiendo a amar y a perdonar, a tener dominio propio, bondad y mansedumbre. A veces uno ve las diferencias y piensa: *¡Nunca debí casarme con él, creo que me equivoqué!*

Pero Dios no se equivoca. Tú te casaste con la persona que necesitabas casarte para que Dios madurara tu corazón. ¿Ya empezamos a entendernos cuando decimos que el matrimonio no fue diseñado para que seas feliz sino para que madures espiritualmente?

Tenemos que ser más como Cristo en esa expresión de amar ilógicamente. Muchas veces me he preguntado cómo Dios puede amarme siendo yo tan infiel. ¡He transgredido tantas veces sus leyes y me he visto tantas veces como número uno en vez de verlo a Él como el número uno en mi vida! ¿Cómo aun así puede amarme y renovar en mi favor sus misericordias cada mañana? Ese amor ilógico es el mismo que debe haber entre esposo y esposa.

¿Vas a perdonarlo otra vez? Sí, es que se acercó y me pidió perdón de corazón y yo sé que está arrepentido. ¿Vas a creerle otra vez? Seguro que sí. Yo sé que ella tiene un corazón noble.

La gente de afuera no dudará en decirte: «¡Cómo vas a hacer eso!». Pero ese amor ilógico es el amor del novio hacia la novia y es el amor que se comparte entre el esposo y la esposa.

LAS NIÑAS NO HUELEN TAN MAL, LOS NIÑOS ESTÁN ORGULLOSOS DE SU OLOR...

Tenemos mucho para decir en cuanto a las diferencias entre hombres y mujeres. ¡Sería un tema interminable! Pero queremos finalizar este capítulo citando una porción de un interesantísimo libro del doctor James Dobson, titulado *Cómo criar a los varones* donde aborda este tema de las diferencias entre el hombre y la mujer, pero visto desde la deliciosa óptica de los niños. Hicieron un encuesta entre las niñas y les preguntaron: «¿Por qué las niñas son mejores que los niños?». Algunas de las respuestas fueron:

Las niñas son mejores que los niños porque...

Mastican con la boca cerrada
Tienen mejor letra
Tienen más talento
Pueden arreglarse el pelo mejor
Se tapan la boca cuando estornudan
No se meten el dedo en la nariz
Van al baño con delicadeza
Aprenden más rápido
Son más bondadosas con los animales
No huelen tan mal.[2]

Esta misma encuesta se les hizo a los niños: ¿por qué los niños son mejores que las niñas? y estas fueron sus respuestas:

Los niños son mejores que las niñas porque...

Pueden mirar una película de terror y no cerrar los ojos ni una vez

No tienen que sentarse cada vez que van al baño

No se avergüenzan fácilmente

Pueden hacer pipí en un bosque

Pueden subirse mejor a los árboles

No vomitan en los aparatos rápidos de los parques de atracciones

No se preocupan por dietas

Manejan mejor los tractores que las niñas

Escriben mejor que las niñas

Construyen mejores fuertes que las niñas

Están orgullosos de su olor.[3]

Nadie es mejor, nadie es peor. ¡Los niños y las niñas simplemente son diferentes! Cuando crezcan serán adultos que tendrán sus propias características, y al momento de casarse esas diferencias los retarán, los desafiarán y los marcarán para toda la vida.

Cuando el poder del amor nos dé la capacidad de enfrentarnos a esas diferencias con ojos de amor y entendimiento, estaremos listos para dar y recibir una de las dádivas más poderosas que vienen del verdadero amor: el perdón.

CAPÍTULO 6

EL PODER DEL AMOR DESATA PERDÓN

Estábamos en un curso de matrimonios. El tema del día era cómo afecta a nuestra vida la falta de perdón. Nuestros maestros nos habían pedido que lleváramos papas y una bolsa de plástico. Ya en clase elegimos una papa por cada persona a la que guardábamos algún tipo de resentimiento, escribimos su nombre en ella y la pusimos dentro de la bolsa. ¡Algunas papas eran realmente pesadas!

El ejercicio consistía en que durante una semana lleváramos con nosotros a todos lados esa bolsa de papas. Naturalmente, la condición de las papas se iba deteriorando con el tiempo y el fastidio de cargar esa bolsa en todo momento me mostró claramente el peso espiritual que cargaba a diario y cómo, mientras ponía mi atención en ella para no olvidarla en ningún lado, desatendía cosas que eran más importantes para mí. Entendí que todos tenemos papas pudriéndose en nuestra «mochila» sentimental.

Este ejercicio fue una gran metáfora sobre el precio que pagaba a diario en mi matrimonio por mantener el resentimiento debido a algo que ya había pasado y no podía cambiarse. Me di cuenta que cuando hacía importantes los temas incompletos o las promesas no cumplidas, me llenaba de resentimiento, aumentaba mi estrés, no dormía bien y mi atención se dispersaba.

Perdonar y dejar ir todo aquello me llenó de paz y calma, y alimentó mi espíritu. Me di cuenta que la falta de perdón es como un veneno que tomamos a diario a gotas pero que finalmente nos termina envenenando. Muchas veces pensamos que el perdón es un regalo que le damos a nuestro cónyuge, sin darnos cuenta que nosotros mismos somos inmensamente beneficiados.

Una vez que el poder del amor ha desatado un nuevo panorama en cuanto a nuestras diferencias, y que el Espíritu Santo nos empieza a guiar con nuevas actitudes, estamos listos para que el poder del amor nos guíe hacia la ruta más importante en la vida de todo matrimonio: el perdón.

Hemos escuchado tanto la palabra perdón pero ¿alguna vez nos hemos detenido a pensar en qué es lo que realmente significa? Por eso es pertinente que empecemos con la etimología (búsqueda de su origen) de esta palabrita que será nuestra compañera en todo este capítulo:

Viene del latín *per*, que es un prefijo que denota la idea de «por completo» o da la idea de «acción completa y total» y la palabra *donāre*, que significa dar, regalar.

Su significado en nuestro idioma se construye a partir de su etimología. Aquí tenemos dos acepciones:

1. Dicho de quien ha sido perjudicado por ello: remitir la deuda, ofensa, falta, delito u otra cosa.
2. Exceptuar a alguien de lo que comúnmente se hace con todos, o eximirle de la obligación que tiene.

¡Es espectacular! Solamente utilizando el significado natural podemos hallar una riqueza increíble en esta palabra. ¿Puede imaginarte lo que va a suceder más adelante cuando confrontemos este tema con la Palabra de Dios?

Pero volvamos a las raíces y observemos qué pasa simplificando su significado del latín: *perdonar* podemos definirlo como «dar por completo»; y acabamos de ver que nuestra lengua define oficialmente este verbo como «remitir (liberar de una obligación) la deuda».

Enmarcándolo dentro de la relación de pacto ¡esto es todo un reto! Convertirnos en genuinos perdonadores es el camino que va a asegurar una larga vida a nuestro matrimonio.

EL MATRIMONIO ES LA UNIÓN DE DOS BUENOS PERDONADORES

¿Cómo funciona esto en el matrimonio? Con el perdón uno renuncia por completo a su «derecho» de cobrar venganza por algo que le hicieron. Como decimos en el título, «el matrimonio es la unión de dos buenos perdonadores», es decir, es la unión de dos personas dispuestas a librarse de rencores, celos, contiendas, orgullo y de otros elementos negativos perniciosos en la vida, para no tener «deudas pendientes» con el cónyuge.

Nuestras vidas de casados tienen pequeñas y grandes diferencias que abarcan temas de toda índole: comunicación, finanzas familiares, confianza, orden de la casa, postura política, horarios de trabajo, la familia extendida, etc. Todas estas áreas van perfilando pequeñas y grandes ofensas que ponen a prueba nuestro grado de comprensión con nuestro cónyuge y nuestra capacidad de decir cada día: «¡Perdóname!» o «¡Te perdono!».

Si no estamos dispuestos a perdonar toda esa avalancha de pequeños errores en la comunicación, gestos incorrectos, palabras mal usadas y actitudes equivocadas que ocurren en la convivencia, jamás estaremos preparados para los grandes retos de perdón que todo matrimonio encuentra en su camino.

Pablo, en su carta a los colosenses, dejó un sano mandato para todos los que van coleccionando amarguras día tras día: «Sean comprensivos con las faltas de los demás y perdonen a todo el que los ofenda» (Colosenses 3.13).

Pablo sabía muy bien lo que hacía cuando utilizó la frase «a todo el que los ofenda»; es decir, debemos perdonar sin excepción de personas, sin dudas, sin tener en cuenta qué hizo o dejó de hacer la persona que será objeto de nuestro perdón.

EL PERDONADOR POR EXCELENCIA

El apóstol Pablo complementa este versículo con un agregado fundamental: «Recuerden que el Señor los perdonó a ustedes, así que ustedes
deben perdonar a otros» (Colosenses 3.13).

¡Qué poderoso es este versículo! Nos alienta a que tomemos el
perdón como nuestra bandera, e inmediatamente después nos recuerda que estamos gozando actualmente del perdón de Dios, ¡el Perdona-
dor por excelencia!

Debemos recordar que desde que Adán y Eva «jugaron a ser Dios»,
el legado que nos dejaron a toda la humanidad es una naturaleza peca-
minosa, llena de maldades y transgresiones. Esta naturaleza, a su vez,
creó un gran abismo entre Dios y nosotros. Estábamos totalmente
separados de Él, pero hubo alguien que vino a arreglar esta desastrosa
situación para nosotros: ¡Jesucristo!

El doctor David Stoop, en su libro *El perdón de lo imperdonable*, hace
una analogía interesante de lo que realmente significa el perdón de
Dios en nuestra vida:

> ...piense en una tarjeta de crédito nueva que recibió por error.
> Tiene un límite muy alto, y no puede resistir la tentación. En
> dos semanas gastó todo lo permitido. Ahora tiene una deuda
> que no le es posible pagar, aun si pudiera devolver lo que com-
> pró. Entonces, un par de meses más tarde, alguien de la com-
> pañía de las tarjetas de crédito llega a su puerta. Ni siquiera
> tiene la posibilidad de hacer el pago mínimo y se siente mal al
> respecto. Sin embargo, abre la puerta de todas maneras. El
> representante de la compañía le pregunta si usted es el que ha
> hecho todos esos cargos y luego saca el documento de deuda
> que había contra usted. A medida que comienza a confesar su
> desatino en gastar tanto y el error cometido en el uso de la
> tarjeta, el visitante le interrumpe y dice: «Sabemos que come-
> tió un error, pero vengo a decirle que otra persona pagó la

tarjeta. ¡Canceló su deuda! No debe nada. En otras palabras,
¡lo perdonaron!».

Eso sería bastante increíble, ¡pero eso es precisamente lo
que Dios hizo a través de la cruz de Jesucristo! Tomó el docu-
mento de nuestros pecados, el cual produjo una deuda que
nunca podríamos pagar, y la canceló toda. ¡Nuestros pecados
están perdonados![1]

Si nosotros hemos sido perdonados de esa forma ¡cómo podríamos mezquinar el perdón a nuestro cónyuge! La relación que Dios
quiere entablar con nosotros siempre será el mejor modelo para nuestro matrimonio. Jesucristo llevó el concepto de perdón a límites sobrenaturales, pagando el más alto precio que se puede pagar. ¿Cuál,
entonces, es el precio que nosotros estamos dispuestos a pagar para
pedir u otorgar perdón a nuestro cónyuge?

EL DEUDOR QUE NO PERDONA

La dimensión de lo que significa perdonar cambió para la humanidad
cuando Jesús, a través de una simple parábola, nos dio una gran
enseñanza:

Por lo cual el reino de los cielos es semejante a un rey que quiso hacer cuentas con sus siervos.

Y comenzando a hacer cuentas, le fue presentado uno que
le debía diez mil talentos.

A este, como no pudo pagar, ordenó su señor venderle, y a
su mujer e hijos, y todo lo que tenía, para que se le pagase la
deuda.

Entonces aquel siervo, postrado, le suplicaba, diciendo:
Señor, ten paciencia conmigo, y yo te lo pagaré todo.

El señor de aquel siervo, movido a misericordia, le soltó y
le perdonó la deuda.

Pero saliendo aquel siervo, halló a uno de sus consiervos, que le debía cien denarios; y asiendo de él, le ahogaba, diciendo: Págame lo que me debes.

Entonces su consiervo, postrándose a sus pies, le rogaba diciendo: Ten paciencia conmigo, y yo te lo pagaré todo.

Mas él no quiso, sino fue y le echó en la cárcel, hasta que pagase la deuda.

Viendo sus consiervos lo que pasaba, se entristecieron mucho, y fueron y refirieron a su señor todo lo que había pasado.

Entonces, llamándole su señor, le dijo: Siervo malvado, toda aquella deuda te perdoné, porque me rogaste.

¿No debías tú también tener misericordia de tu consiervo, como yo tuve misericordia de ti?

Entonces su señor, enojado, le entregó a los verdugos, hasta que pagase todo lo que le debía.

Así también mi Padre celestial hará con vosotros si no perdonáis de todo corazón cada uno a su hermano sus ofensas. (Mateo 18.23–35 RVR1960).

Para dimensionar el tipo de perdón al cual Jesús quería referirse en esos tiempos hay que recordar que, en el Nuevo Testamento, un talento era equivalente a 6,000 dracmas o 21,6 Kg. de plata. Por estos días, el valor del gramo de plata de 90 kilates (plata de moneda) es de US$ 0.95, con lo que tenemos que un solo talento valía aproximadamente 20,520 dólares.

Eso sí que me dejó sorprendido y estoy seguro que a ti también. Creo que muy poca gente en estos días perdonaría una deuda de 20,000 dólares. Pero ¡no te engañes! Recuerda que estamos hablando solo de un talento ¡y nuestro hombre perdonado debía diez mil! Así que abre bien los ojos a la majestad del perdón de Dios porque este hombre en verdad debía nada menos que la friolera de doscientos millones de dólares.

¡Ah, me olvidaba! Como estamos hablando del perdón, comprenderás la benevolencia que sale de mi corazón. Sé que dije doscientos millones de dólares, pero para los que tienen una calculadora en la mano saben que la cantidad exacta es de: US$ 205.200.000. Y cinco millones con doscientos mil dólares ¡sí que hacen una gran diferencia!

Pero regresemos a nuestro tema... Doscientos millones de dólares es una cantidad más que enorme, y puede resultar imposible que en aquellos tiempos (incluso en los de hoy), alguien pudiera endeudarse de esa manera. Pero lo que Jesús deseaba era dejar en claro cómo opera el perdón de Dios en nuestras vidas y cuál es la dimensión del amor totalmente incondicional que Él pone en nosotros.

Si continuamos explorando esta parábola veremos que, después, este siervo perdonado no pudo hacer lo que hicieron con él, y por cien denarios (aproximadamente veintiséis dólares) metió en la cárcel a quien le estaba debiendo esta cantidad casi ridícula en comparación con lo que él debía. Como es lógico, la injusticia cometida trajo sus consecuencias: el gran deudor (o «siervo malvado» como lo llama Mateo) fue entregado a los verdugos hasta que pagara los doscientos cinco mil doscientos millones de dólares que debía.

Finalmente, Jesús dice: «Así también mi Padre celestial hará con vosotros si no perdonáis de todo corazón cada uno a su hermano sus ofensas». Jesús no solo habló sin ambigüedades, sino que también fue un revolucionario y alguien adelantado a su época, ya que el perdón en el sistema judío operaba de una forma muy diferente a la que Jesús proponía. Para hacerte un muy breve resumen del pensamiento judío, este dice: «Solo se otorga el perdón si hay arrepentimiento».

¡Pero Jesús fue radical! Nos trajo el perdón gratuito, incondicional y sin reservas. Trajo un perdón ilimitado en el número de veces que debíamos prodigarlo (setenta veces siete) y nos retó a hacerlo aun cuando la gente que perdonamos pudiera seguir siendo enemigos nuestros. ¿Es lógico esto? No lo es y nunca lo será. El amor de Dios nos tiene que llevar a estos niveles sobrenaturales de amor conyugal para que el matrimonio sea una experiencia de gozo y no de sufrimiento por no saber perdonar.

EL DEUDOR QUE NO PERDONA (EN EL MATRIMONIO)

¿Eres también tú un deudor que no perdona? Hoy en día muchos matrimonios cristianos (y no cristianos) fracasan por la pobre capacidad de cada cónyuge de remitir las ofensas que gratuitamente reciben a diario. ¡Todos somos ofendidos y nadie repara en que hay un ser supremo que día a día nos perdona todos nuestros excesos!

El perdón no es un momento especial de nuestra vida de casados, ¡es un estilo de vida! Es una decisión que debemos tomar a diario ante cualquiera «ofensa» potencial que encontremos, sea esta pequeña o grande.

Leíste bien: a diario. Por eso, si eras de los que pedían perdón cada vez que había un eclipse de sol, reorienta tu estilo y hazlo ¡cada vez que salga el sol! Y si eres una de esas personas a la que le cuesta perdonar, piensa en qué pasaría si a Dios le costara perdonar cada uno de tus exabruptos. «Cuando se perdona una falta, el amor florece, pero mantenerla presente separa a los amigos íntimos» (Proverbios 17.9).

EL PERDÓN ES UNA GRAN CARRETERA DE IDA Y VUELTA

Fernando era un joven miembro de la iglesia. Tenía unos pocos años de casado y en lo ministerial era uno de los más serviciales. Siempre estaba atento ante las necesidades de los demás: si se necesitaban sillas, las llevaba de un salón a otro; si se necesitaba un reemplazo para dictar la clase de discipulado, no dudaba en dar de sí; era ese tipo de siervos que uno desea que abunden en la iglesia.

Martha, su esposa, era muy querida por su alegría y por su entusiasta participación en casi todos los eventos a los que Fernando se comprometía. Sin embargo, llegó el momento en que le pareció que el servicio de Fernando estaba rebasando enormemente el tiempo que ellos dos pasaban en familia, así que los reclamos no se hicieron esperar. Y no tardó en pasarse de la raya con sus continuos gritos.

Fernando le pidió un poco de colaboración ¡el ministerio requería ese esfuerzo! pero el esfuerzo que parecía estar dentro de los límites de él estaba fuera de los límites de ella. Junto a los reclamos vino una andanada de actitudes en las que, a opinión de Fernando, abundaba la falta de respeto.

Las cosas se complicaron más cuando Martha salió embarazada; y, con eso, la tolerancia a la generosa ofrenda de tiempo de Fernando se redujo notoriamente. La situación empezó a tornarse inexplicable para este hombre que solo pensaba: *¡Lo único que hago es tratar de servir y todo lo que recibo a cambio es una tremenda falta de respeto!*

¡Había que ver lo que Fernando estaba «cocinando» en su corazón! Primero, una gran herida por la forma como Martha lo trataba. Día tras día, reclamo tras reclamo. Con argumentos que empezaban con ese «malhadado» servicio y que terminaban repasando lo mal que iba la economía de la casa y la condición de Fernando —a entender de Martha— de «poco hombre» por no asumir su responsabilidad en el hogar.

Pero tras la herida vino la subsecuente falta de perdón que empezó a albergar Fernando: no le iba a perdonar que ella le haya dicho todo eso que nunca hubiera imaginado escuchar de la mujer que más amaba.

¿Y qué de Martha? Ella estaba plenamente ofendida por el poco amor que su esposo le había demostrado al no ser ella su prioridad número uno. ¡Y peor aun ahora que estaba esperando un bebé! ¿Dónde estaba ese caballero que de rodillas alguna vez le pidió perdón por un pequeño malentendido, y que, sin embargo, ahora no reconocía su grave falta de atención?

Esta es una historia que tiene matices «universales» para el matrimonio: la explosiva combinación de ausencia de amor de parte del hombre y la falta de respeto de parte de la mujer, y con esto, la eterna pregunta que alguien debería responder: ¿quién es el culpable? ¿Quién debe pedir perdón aquí?

Es una respuesta complicada. Quizás tú pertenezcas a la mitad de nuestros lectores que opinan que la verdadera ofendida es Martha, o quizás eres parte de la otra mitad que piensa que Fernando es el que merece una disculpa. Nuestra óptica del perdón siempre va a estar basada en nuestro nivel de crecimiento espiritual y en la forma cómo el tema del perdón fue manejado en casa.

Pero volvamos a la pregunta, ya que la buena noticia es que tenemos la respuesta: si hemos ofendido a alguien, es indudable que debemos iniciar el perdón. Aquí no hacen falta mayor conocimiento moral, teológico o de libros de autoayuda. Pero esta es solo la mitad de la respuesta, la otra mitad sí necesita una mayor apertura y entendimiento: si nosotros hemos sido ofendidos, nosotros también podemos (incluso debemos) iniciar el proceso rumbo al perdón.

No te estoy deslizando subrepticiamente la idea de pedir perdón aun si hemos sido ofendidos, te estoy diciendo, claramente, que también busques el perdón aun cuando hayas sido tú el agraviado.

Pero pongámonos otra vez en el escenario de Martha y Fernando. Basándonos en los hechos descritos y teniendo en cuenta estas dos premisas que acabamos de exponer como respuesta, veamos con exactitud quién debe pedir perdón.

Fernando fue desconsiderado y trastrocó lo que significaban las prioridades de su tiempo, confundiendo el servicio a la iglesia con su tiempo de esposo, especialmente cuando Martha salió embarazada. (Cualquier parecido con la realidad de alguien que tú conozcas, ya sabes, es pura coincidencia.) Martha, por su parte, fue muy irrespetuosa al reaccionar de esa manera ante el rey, profeta y sacerdote de la casa.

Nuevamente: ¿quién debe pedir perdón aquí? La respuesta clara y concisa es: ambos. Depende del ángulo del que mires este problema, podrás dar tu veredicto y parcializarte por alguno de nuestros personajes, pero lo cierto es que aquí funciona un principio que dice: «Si todos cedemos, todos ganamos».

Jesús fue claro en decirnos lo que tenemos que hacer cuando nos ofenden: «Si perdonas a los que pecan contra ti, tu Padre celestial te perdonará a ti» (Marcos 6.14).

Fíjate que Jesús nos llama a perdonar a los que pecan contra nosotros, ¡y punto! Jesús no nos dice en Mateo 6.14: «Si perdonas a los que pecan contra ti [lógicamente si ellos te muestran un gran arrepentimiento], tu padre te perdonará a ti». Entonces ¡no necesitamos que el ofensor caiga de rodillas ante nosotros! Solo debemos ser guiados por la Palabra de Dios y perdonar a quienes nos ofenden, ¡pero buscando y pidiendo nosotros mismos perdón sin mirar qué pasa al otro lado!

A lo largo de muchos años ministrando parejas hemos visto cómo el pedir perdón de todo corazón, especialmente cuando viene del lado menos usual (la persona ofendida), ha roto las barreras que parecían más infranqueables y ha convertido matrimonios cenagosos en las más cristalinas y vívidas relaciones matrimoniales. ¿Pero qué se requiere para este casi insólito pero eficaz acto de pedir perdón a pesar de ser el ofendido? Nuevamente lo decimos: un buen nivel espiritual.

AL QUE AMA MUCHO, MUCHO SE LE PERDONA

Jesús fue invitado a cenar a la casa de un fariseo llamado Simón. Una prostituta se enteró y presurosa fue a ungir a Jesús derramándole en los pies un costoso perfume. Al velor, Simón pensó: *Si este fuera profeta, no dejaría que una pecadora le muestre tal afecto.* Jesús conocía los pensamientos de Simón y la historia es como sigue:

Entonces Jesús le contó la siguiente historia:
—Un hombre prestó dinero a dos personas, quinientas piezas de plata a una y cincuenta piezas a la otra. Sin embargo,

ninguna de las dos pudo devolver el dinero, así que el hombre perdonó amablemente a ambas y les canceló la deuda. ¿Quién crees que lo amó más?

Simón contestó:

—Supongo que la persona a quien le perdonó la deuda más grande.

—Correcto —dijo Jesús.

Luego se volvió a la mujer y le dijo a Simón:

—Mira a esta mujer que está arrodillada aquí. Cuando entré en tu casa, no me ofreciste agua para lavarme el polvo de los pies, pero ella los lavó con sus lágrimas y los secó con sus cabellos. Tú no me saludaste con un beso, pero ella, desde el momento en que entré, no ha dejado de besarme los pies. Tú no tuviste la cortesía de ungir mi cabeza con aceite de oliva, pero ella ha ungido mis pies con un perfume exquisito.

Te digo que sus pecados —que son muchos— han sido perdonados, por eso ella me demostró tanto amor; pero una persona a quien se le perdona poco, demuestra poco amor.

Entonces Jesús le dijo a la mujer: Tus pecados son perdonados.

Los hombres que estaban sentados a la mesa se decían entre sí: ¿Quién es este hombre que anda perdonando pecados?

Y Jesús le dijo a la mujer: Tu fe te ha salvado; ve en paz. (Lucas 7.41–50)

Al que se le perdona poco, poco ama; al que se le perdona mucho, mucho ama. El amor se mide por los hechos externos que lo expresan. La cantidad de amor es directamente proporcional a la cantidad de pecados perdonados. La cantidad de pecados perdonados es directamente proporcional a la cantidad de pecados de los que nos arrepentimos. Te arrepientes de algo cuando lo reconoces, lo reconoces cuando tienes un corazón sensible lleno de amor.

Si puedo arrepentirme mucho de las cosas que hago y que son signos de menosprecio hacia mi cónyuge, mucho podré amar. El arrepentimiento genuino nos abre caminos de reconciliación donde solo hay oscuridad, pero hace falta que miremos con sinceridad nuestras actitudes, y que las sopesemos sin apasionamientos nacidos en las actitudes de nuestro cónyuge.

El perdón nos libera de ataduras que nos amargan el alma y enferman el cuerpo. Perdonar no significa en ningún modo que estemos de acuerdo con lo que pasó, ni que lo aprobemos. Perdonar no significa dejar de darle importancia a lo que sucedió, ni darle la razón a alguien que te lastimó. Perdonar simplemente significa dejar de lado aquellos pensamientos negativos que nos causaron dolor o enojo, teniendo en el corazón aceptación por lo que pasó.

La falta de perdón te ata a las personas a través del resentimiento; la falta de perdón es un poderoso y nocivo elemento que nos tiene encadenados. La falta de perdón es el veneno más destructivo para el espíritu ya que neutraliza nuestros recursos físicos y emocionales.

EL PERDÓN MEJORA NUESTRA SALUD

Es asombroso, pero es real. Liberarnos de la amargura que trae consigo la falta de perdón no solo desactiva las cosas en el terreno espiritual sino también en el terreno natural.

Quién mejor que un licenciado en psicología clínica para darnos luces sobre este tema. Nuevamente queremos citar a un gran amigo nuestro, el doctor David Stoop, para comprender que la gran decisión que tomamos día a día de perdonar, además de ser fundamental en nuestro crecimiento espiritual, también influye poderosamente en nuestra salud física, mental y emocional. Dice: «Siempre que sentimos un persistente sentimiento de estrés o tensión, o luchamos con sentimientos de enojo a largo plazo, se liberan varias hormonas de nuestro cuerpo».[2] Una de ellas, la adrenalina, conlleva serias consecuencias si se experimenta en niveles significativos durante un rato extenso. Puede dar lugar a dolores de cabeza, tensión muscular, cansancio, insomnia, dificultades gástricas y depresión. Al experimentar niveles elevados de adrenalina y de otras hormonas que se liberan en el cuerpo al sentir una fuerte emoción negativa, se aumenta el riesgo al cáncer. Las investigaciones médicas indican una clara e indudable relación entre el enojo y las otras emociones asociadas con la falta de perdón, y enfermedades graves. Stoop dice:

Un estudio de pacientes diagnosticados con cáncer terminal (que se esperaba que vivieran seis meses o menos) reveló que los que completaron un programa especial del control del enojo, junto con el tratamiento médico tradicional, eran más propensos a pasar remisión que los que solo recibían el tratamiento médico tradicional. En ese programa, a los pacientes se les enseñaban diferentes maneras de enfrentar su enojo y se les daba un entrenamiento especial en cuanto a cómo pasar de una actitud no perdonadora a una actitud perdonadora.

Un análisis reiterado a largo plazo de esos pacientes reveló que muchos experimentaron remisión del cáncer durante varios años. Cuando volvió el cáncer, los investigadores descubrieron que la recaída se podía relacionar con un regreso a las antiguas maneras de enfrentar el enojo y el perdón. Un médico advirtió que el perdón, como lo enseñó Jesús, era el consejo de salud de dos mil años de antigüedad.[3]

¿Qué opinas? ¿Dejarás que el poder del amor libere perdón en tu corazón? En nuestras oraciones diarias debemos pedir sabiduría para reconocer, aun en los pequeños detalles de la vida cotidiana, el poder del amor de Dios al perdonarnos mucho. Cuando nos damos cuenta de la dimensión del amor de Dios al renovarnos su misericordia cada día, es más fácil ser portadores del perdón. El perdón sana, libera, restaura y fortalece nuestro espíritu, nuestra alma y nuestro cuerpo.

El perdón es una declaración que puedes y debes renovar a diario. Si no hay perdón, no hay bendición. La bendición opera en un corazón limpio, sano, sin heridas. Si te aseguras que el poder del amor libere perdón en tu corazón, no dudes en que las bendiciones comenzarán a llegar a tu vida.

EL PODER DEL AMOR DESATA BENDICIÓN

CAPÍTULO 7

EL PODER DEL AMOR
DESATA BENDICIÓN

El dueño de una empresa gritó al administrador porque estaba enojado en ese momento. Más tarde, ya en casa, le gritó a su esposa acusándola de malgastar el dinero al verla con un vestido nuevo. La esposa a su vez le gritó a la empleada por haber roto un plato; y la empleada le dio un puntapié al perro porque este le hizo tropezar. El perro salió corriendo y mordió a una señora que pasaba por la vereda y obstaculizaba su salida por la puerta. La señora fue al hospital a vacunarse contra la rabia y gritó al joven médico cuando le aplicó la vacuna antirrábica. El joven médico llegó a su casa y le gritó a su esposa porque la comida no era de su agrado. Y la esposa le acarició suavemente los cabellos, diciéndole: mi amor, trabajas demasiado, estás cansado y necesitas de una buena noche de sueño. Voy a cambiar la sábana de nuestra cama, voy a poner otras bien limpias y perfumadas, me voy a arreglar para ti y pasaremos una noche juntos para que descanses con tranquilidad, y estoy segura que mañana te sentirás mejor...

En un momento la cultura de maldición, que es la cultura del odio, del disgusto y del egoísmo, se vio interrumpida por la acción de esa mujer. ¡De pronto, se hizo presente la cultura de bendición, la cultura del amor, la cultura del perdón y de la bondad! Alguien de los dos debe estar dispuesto a ponerle un alto al círculo de muerte y destrucción. El poder del amor hará que estemos dispuestos a decir: «¡Sí, Señor, estoy dispuesto a vivir tu cultura!».

En nuestro primer libro, *¡Bendíceme también a mí, Padre mío!*, hablamos extensamente de la bendición del padre, un tema por demás importante en la vida de toda familia. Pero el solo concepto de bendición es algo que en definitiva se aplica a todos los niveles de las relaciones familiares. Así como los hijos necesitan ser bendecidos por sus padres, los hermanos necesitan bendecirse entre ellos.

Se necesita establecer una cultura de bendición en la familia, en los ministerios de la iglesia, en el trabajo secular y en cualquier lugar. Pero una de las relaciones más delicadas y que más necesita de la bendición mutua es el matrimonio. El poder del amor quiere liberar sobre ti abundancia de bendiciones, y si tu matrimonio no está viviendo así es porque no has dejado que el amor opere en tu vida.

El matrimonio está peligrosamente expuesto a una cultura de maldición que poco a poco busca predominar sobre la tierra; está sometido bajo un ataque feroz del enemigo, que lo único que quiere es destruir todo lo que Dios creó, pero debemos tener algo bien claro: el matrimonio es una idea de Dios. Fue el Creador quien dijo: «No es bueno que el hombre esté solo». Fue Dios el que dijo: «Por esta razón dejará el hombre a su padre y a su madre, se unirá a su mujer y serán una sola carne».

¡Esta es la idea de Dios! Y si tú estás casado quiero que sepas que estás en la voluntad de Dios y en la idea que Dios tuvo desde la eternidad. Fue Dios el que te creó, por eso eres bueno, y bueno en gran manera; y el Señor anhela que puedas disfrutar a plenitud tu vida matrimonial.

¿BENDECIR? ¿ESTÁ ESO AL ALCANCE DE MI MATRIMONIO?

La bendición está al alcance de todos los matrimonios, incluido el tuyo. Para empezar, si no tienes claro el significado de bendecir, te diremos que la palabra hebrea para definir este concepto es *baruch*, y una de las primeras connotaciones espirituales de esta palabra es «dar poder para prosperar».

¿A qué nos referimos con prosperar? Se trata de colocar el escenario adecuado para que la persona bendecida tenga éxito y prosperidad en las diferentes áreas de su vida, en nuestro caso nos referimos a nuestra vida matrimonial. Hablando en términos prácticos, bendecimos cuando hablamos bien de la persona amada, cuando proclamamos sobre nuestro cónyuge la Palabra de Dios, sus promesas, valores y principios. Bendecimos cuando honramos nuestro pacto, cuando somos generosos y cuando liberamos a nuestro cónyuge de cualquier atadura que venga de la falta de perdón.

Para que el poder del amor traiga bendición sobre tu matrimonio, debes romper con uno de los más grandes enemigos del poder del amor: la autocomplacencia. Vivimos actualmente en un mundo orientado hacia la satisfacción personal, donde YO soy el personaje más importante, donde YO soy el que merezco todas las atenciones, donde YO debo ser el más beneficiado y donde YO soy el centro del universo.

¡SEÑOR, ESTOY DISPUESTO A VIVIR TU CULTURA!

¿Cómo quieres vivir tu vida matrimonial? Te vamos a dar una clave: si realmente la puedes entender y poner en práctica, tu matrimonio y la relación en general con otras personas, cambiará. Simplemente tienes que preguntarte cómo estás viviendo: ¿del lado de Dios o del lado de Satanás? No hay punto medio. El Señor dijo: «O estás conmigo o estás contra mí». También dijo: «No puedes servir a dos señores, o sirves a uno y aborreces al otro, o harás lo contrario».

Teniendo en cuenta esto, hablemos ahora del matrimonio: ¿estás viviendo un matrimonio a la manera de Dios, en bendición, o estás viviendo un matrimonio a la manera del enemigo de Dios? Pregúntale ahora mismo a tu cónyuge: «¿Cómo estamos viviendo el matrimonio? ¿A la manera de quién lo estamos viviendo?».

Para descubrir la respuesta grafiquemos algo: cuando un imperio ingresa a una nación conquistada, ese imperio establece su cultura. Por ejemplo, cuando el imperio español ingresó a la parte que ahora se conoce como América del Sur, implementó su cultura, su manera de pensar, su idioma, su manera de hacer las cosas, porque eso es parte del establecimiento de un imperio. Por eso, nosotros tenemos la responsabilidad de establecer el reino de Dios aquí en la tierra, y eso significa cambiar nuestra cultura.

Por ejemplo, el idioma español que hablamos es algo que nos impusieron quienes vinieron a conquistarnos, y así ocurre en diferentes áreas. Posiblemente habrás escuchado que la cocina peruana está cobrando fama y renombre a nivel mundial, y uno de los postres más famosos de esta cultura culinaria peruana es el arroz con leche. Sin embargo, el arroz con leche es heredado de la cultura española y ahora se come en distintas partes de América. De esta manera, nos han impuesto cosas buenas y cosas malas.

Igualmente, el enemigo ha metido su cultura en la vida del ser humano y en la vida matrimonial; es por eso que muchas veces, sin darnos cuenta, estamos viviendo a la manera del enemigo en vez de estar viviendo a la manera de Dios.

¡PERO YO QUIERO VIVIR MI CULTURA!

La tentación de vivir «a mi manera» como dice la conocida canción, está en todos nosotros. El beneficio del yo es la tendencia natural de todos los seres humanos, y es por eso que la palabra «¡mío!», es una de las primeras expresiones que gritamos a voz en cuello cuando somos niños. Crecemos, y en la adolescencia seguimos concentrados en nosotros mismos, total ¡somos adolescentes y vivimos para nosotros!

Ya jóvenes estamos concentrados en nuestros estudios y en cómo vamos a desarrollar nuestra vida profesional. Nos quita el sueño pensar en cuán beneficioso será para nosotros aquel trabajo al cual estamos aspirando. Llega el matrimonio y nuestro modo de vivir se convierte en un reto para nuestro cónyuge. «¡Yo soy así!» o «¡Te casaste conmigo conociéndome!» se convierten en las frases más usadas con las que muchísimos esposos y esposas tratan de defender el por qué se debe vivir a la manera de cada uno de ellos.

Y así, nuestra vida continúa en una carrera, algunas veces desbocada, donde el beneficio personal parece ser el sello que nos marca cada día. ¿Es esto normal? Pues sí, es absolutamente normal, pero también es una batalla diaria que cada día debemos estar dispuestos a ganar. Es allí donde debemos decir firmemente lo que comentábamos líneas arriba: ¡Señor, estoy dispuesto a vivir tu cultura!

El desafío y la tentación de vivir para el beneficio del YO es un inveterado problema que tiene la raza humana, incluso Jesús tuvo que hacerle frente a esta situación cuando estaba a punto de padecer todo lo que nosotros ya conocemos. Sin embargo, al ser reprendido por Pedro para que tuviera un poco de piedad por él mismo, Jesús le respondió con palabras muy duras. Fue tan difícil ese momento que al respetado Pedro le cayó una represión que él jamás hubiera imaginado escuchar, y menos de parte de su Maestro: «¡Aléjate de mí, Satanás!».

A partir de entonces, Jesús empezó a decir claramente a sus discípulos que era necesario que fuera a Jerusalén, y que sufriría muchas cosas terribles a manos de los ancianos, de los principales sacerdotes y de los maestros de la ley religiosa. Lo matarían, pero al tercer día resucitaría.

Entonces Pedro lo llevó aparte y comenzó a reprenderlo por decir semejantes cosas.

—¡Dios nos libre, Señor! —dijo—. Eso jamás te sucederá a ti.

Jesús se dirigió a Pedro y le dijo:

—¡Aléjate de mí, Satanás! Representas una trampa peligrosa para mí. Ves las cosas solamente desde el punto de vista humano, no desde el punto de vista de Dios.

Luego Jesús dijo a sus discípulos: Si alguno de ustedes quiere ser mi seguidor, tiene que abandonar su manera egoísta de vivir, tomar su cruz y seguirme. Si tratas de aferrarte a la

vida, la perderás, pero si entregas tu vida por mi causa, la sal-
varás. (Mateo 16.21–25)

Siempre existirá una sola vía para vivir correctamente la experiencia matrimonial y para estar preparado para ser de bendición: esta vía
es la renuncia personal. Es un obstáculo muy grande pretender vivir
exclusivamente para la satisfacción del YO.

LA PROSPERIDAD VIENE DEL CORAZÓN

La gente cuando conversa de la pobreza en el mundo, siempre tiene la
idea de que pobre es el que no tiene dinero, el que no tiene qué comer
ni qué vestir y el que no puede estudiar. Pero hay un tipo de pobreza
que parece menos importante, y es la pobreza que más daño causa a la
humanidad: la pobreza de nunca sentirse amado y valorado. Hablamos
de esas personas que tienen un gran sentimiento de soledad y que
piensan que caminaron por la vida sin haber podido cautivar el corazón de sus hijos y el corazón de su cónyuge.

Es esa persona que envejece pensando que hizo todo por todo el
mundo y que nadie hizo nada por ella, es la persona que cree que
vivió solamente para otros y que nunca pensó en ella, porque hay un
gran vacío en su corazón. Esa miseria, ese grado de pobreza, es el
que te hace infeliz. La persona más feliz de la tierra es la persona
agradecida, es esa persona que sabe agradecer una tacita de té y un
pancito con mantequilla en la mañana. Nosotros podemos comer
manjares, cosas deliciosas, pero si no tenemos un corazón agradecido, nunca seremos personas felices, porque todo será poco para
nosotros.

Cuentan que en cierta ocasión, estando la Madre Teresa de Cal-
cuta en un campo en Etiopía, entró a un salón y vio que había cadá-
veres ya tapados; sin embargo, se dio cuenta que uno de los cuerpos
aún permanecía con vida y todavía se estaba moviendo. Inmediatamente se dirigió hacia esa persona, se arrodilló delante de ella y

movió la sábana que la cubría, que era como un trapo muy sucio y totalmente gastado para ver quién estaba debajo. Y encontró a una mujer que apenas pudo abrir los ojos. Se compadeció tanto de ella que se le caían las lágrimas. La miró con ternura y solo le dijo suavemente: «¡Te amo!». Con una voz apenas audible y mientras las lágrimas le corrían por las mejillas, la mujer le contestó: «¡Dígamelo otra vez, por favor!».

¿No es increíble que a veces nosotros encontremos este cuadro en casa? Hijos que están sufriendo bajo las sábanas y que no tienen padres que las levanten y les digan «¡Te amo!». Esposas que sufren en silencio bajo las sábanas y que no tienen a su cobertura que les reafirme su amor con un: «¡Te amo!». La miseria más grande es no sentirse amado, pero la verdadera prosperidad viene del corazón.

Tenemos que entender que en el matrimonio habrá muchas cosas que nos desanimen, pero yo no voy a establecer lo que el mundo quiere para mi hogar, pues tengo que establecer lo que Cristo quiere para mi hogar. Y no podríamos acercar el reino de Dios, sino establecemos el amor, ese amor incondicional, ese amor que va encima de todo y que muchas veces no tiene lógica. Ese amor que dice «Te amo aunque me falles, te amo aunque me hieras, te amo aunque me desilusiones; te amo por sobre todo porque estoy dispuesto a establecer el reino de Dios junto a ti».

¿Cómo está nuestra familia? ¿Cómo están nuestros hijos? ¿Cómo está nuestra relación matrimonial? ¿Cuánta necesidad hay dentro de nosotros? A veces pensamos que solamente trayendo las cosas materiales tenemos una familia y un hogar que está realmente bendecido. ¡Pero sabemos que lo material es lo menos importante! Porque lo más barato se compra con dinero, en cambio lo más caro y verdaderamente valioso, de ninguna manera lo podrás comprar con dinero.

Tú podrás comprar medicinas pero de ningún modo comprarás sanidad, podrás comprar una linda cama pero no podrás comprar tu sueño, podrás comprar muchos regalos pero jamás podrás comprar el amor... ¡Lo más barato se compra con dinero!

SOMOS TESTADORES DE BENDICIÓN

La palabra «testador» no se usa con frecuencia en el hablar cotidiano. ¿Pero qué es un «testador»? Pues nada menos que la persona que hace un testamento. Ya sabemos que un testamento es una serie de cláusulas donde se promete que se van a entregar pertenencias, propiedades, dinero u otros valores en un momento determinado.

Tiempo atrás tuve el privilegio de atender a mis padres. Ellos viven en Estados Unidos y nos visitaron en Perú, así que fue un buen tiempo donde Milagros y yo disfrutamos honrarlos y atenderlos, pero también tuve que atender algunos temas legales acerca de sus propiedades y otras cosas personales que tienen; y, por supuesto, estos temas tenían que ver con abogados, con poderes y con testamentos. En estos temas de testamentos existen dos partes bien definidas: el testador, que es el que promete entregar algo; y el heredero, que es quien va a recibir la herencia, el que va a ser el beneficiario de lo que se está prometiendo. Hay uno que está totalmente dispuesto a dar y otro que va a recibir.

Pero para que la herencia se pueda dar, para que el testamento entre en vigencia, tiene que ocurrir algo que es un requisito indispensable, y eso es la muerte del testador. Revisemos lo que dicen las Escrituras al respecto:

> Ahora bien, cuando alguien deja un testamento, es necesario comprobar que la persona que lo hizo ha muerto. El testamento sólo entra en vigencia después de la muerte de la persona. Mientras viva el que lo hizo, el testamento no puede entrar en vigencia. (Hebreos 9.16–17)

Es claro. Mientras el testador vive, la promesa de entrega no puede darse. Este pasaje del libro de Hebreos habla acerca de Cristo como el testador, quien establece el nuevo pacto con la humanidad, donde se explica que Él tenía que morir para que ese pacto se hiciera efectivo.

Nosotros bien sabemos que el matrimonio es la representación de la relación de Cristo y la Iglesia. Cristo, el novio, le promete algo a la novia, pero para que ella pueda ser beneficiada con todo lo que el novio está prometiendo ¿qué tenía que ocurrir con el novio? Tenía que morir.

Cristo tenía que morir. Igualmente, si tú quieres vivir la plenitud de la vida matrimonial según el diseño de Dios, es decir el pacto matrimonial, tienes que estar dispuesto a morir. Si no es así, nunca podrás ver la plenitud del diseño de Dios para el matrimonio. Si no estás dispuesto a morir, tu cónyuge, que es el beneficiario, nunca podrá recibir o heredar lo que prometiste el día de tu matrimonio. ¡Es por esto que el testador tiene que morir!

LA RUTA DE LA CRUZ

¿Recuerdas cuando a Cristo le clavaron una lanza en el costado? Salió agua y sangre. Muchos dicen que esto simboliza la muerte. Pero hay otro momento en la vida de las personas en que también se ve agua y sangre, y es en el nacimiento. Allí se rompe la fuente, sale agua y también vemos venir sangre.

Danny Bonilla, pastor de Hossana Palm Beach Church, en Miami, en un estudio muy interesante acerca del sacrificio de Jesús, mencionaba que así como con la figura de Adán, Jesús estaba marcando el cumplimiento del nacimiento de la Iglesia de su costado, dejando al Padre celestial y a la madre terrenal para unirse con la Iglesia. La premisa es: tú mueres para que otro tenga vida.

La ruta de la cruz no puede ser recorrida por los niños, por los inmaduros. La ruta de la cruz solamente la pueden recorrer los creyentes maduros, ya que siempre nos va a llevar a la muerte. Pero ten en cuenta que después de todo viernes de tormento, vendrá un domingo de resurrección. Y cuando entregas tu vida por amor, y mueres para que otro tenga vida, espera la resurrección, porque llegará el momento de disfrutar de la gloria juntos.

Hay gente que nos dice: «¿Ustedes nunca se pelean? ¿Todo el día andan juntos? Y así es... Nos levantamos, oramos, nos bañamos, vamos a la iglesia, compartimos la oficina, ¡todo lo hacemos juntos! Y la gente siempre añade este comentario: «¡Ustedes parece que siempre están felices!».

¿Saben cuál es nuestra respuesta? ¡Es cierto! Aunque también tenemos nuestros momentos difíciles, hemos aprendido el principio de amar; hemos aprendido que no es realmente importante que yo tenga la razón y que tú entiendas mi razón, sino que más importante es la paz. La Palabra de Dios dice: «Apártate del mal y haz el bien; busca la paz y esfuérzate por mantenerla» (Salmos 34.14).

¡Nos encanta disfrutar de un lindo matrimonio! Pero eso solamente lo puedes tener si has aprendido a renunciar, a morir, porque el amor es más poderoso que la muerte y trae la resurrección.

¿ESTAMOS DISPUESTOS A MORIR?

El poder del amor es más poderoso que la muerte porque nos hace vivir en la resurrección. El amor puede transformar corazones de piedra y convertirlos en corazones de carne. El amor puede hacer que nuestro hogar sea realmente un oasis de paz, puede hacer que nuestro hogar tenga algo que nuestros hijos anhelen cada día y por eso disfruten estar con nosotros. Es triste cuando los hijos son adolescentes y encuentran más aceptación y más deleite afuera que en la casa.

¡Qué hermoso es poder vivir a diario aquello que prometimos el día de la boda! «Prometo amarte y cuidarte, estar contigo en las buenas y en las malas, en salud y en enfermedad». ¡Qué precioso es vivir en esa dimensión y hacerlo real! El poder sentir que nunca nos van a dejar y que estarán con nosotros siempre, no importando si las cosas a nuestro alrededor no están marchando bien. Para que podamos vivir en esa dimensión, tenemos que estar dispuestos a morir a nuestro orgullo e incluso a nuestros derechos.

Nunca vamos a poder disfrutar las promesas y el maravilloso plan de Dios para el matrimonio si no estamos dispuestos a morir ¡No importa quién tenga la razón! ¡Lo que importa es encontrar la paz! A lo que debes aspirar es a tener un hogar donde se pueda vivir y donde se pueda respirar un clima de paz.

NADA COMO UNA BUENA SIEMBRA

Me encanta cuando a mis hijos los escucho hablar del día que se van a casar. Recuerdo vívidamente que un día estábamos seleccionando los aretes con que mis hijas Paz y Fe se iban a quedar ya que tenían muchos de ellos y no los iban a usar. Yo les dije a mis hijos: «Tráiganlos aquí porque voy a hacer paquetitos y los vamos a regalar». Entonces se acercó mi hijo Juan Guillermo, en ese momento de ocho años, y me dijo: «Mamá, ¿qué estás haciendo?». Le contesté: «Estoy poniendo estos aretes en unos paquetitos que voy a regalar, porque tus hermanas no los van a usar». Nunca olvidaré que Juan Guillermo me miró y me dijo: «¡Un momento, mamá! ¿Tú crees que yo pueda escoger algunos para mi esposa?».

¡Cómo me encanta que ellos sueñen con sus matrimonios! ¡Disfruto oírlos hablar acerca de los nombres que les van a poner a sus hijos! ¡Es un deleite ver cómo se imaginan su ceremonia y cómo van a estar vestidos! ¡Estoy segura que disfrutarán inmensamente su vida de casados! ¿Saben por qué? Simplemente porque anhelan tener y disfrutar lo que nosotros les mostramos día a día. Ellos anhelan el estilo de vida matrimonial que han visto en nosotros. Sueñan con casarse y tener descendencia, sueñan con criar hijos y cuidar de la creación de Dios, porque saben que el matrimonio vino del corazón de Dios.

La iglesia es un plan divino, una creación de Dios para poder llevar el mensaje de salvación a nuestra generación, y el matrimonio es esta institución que Dios creó para poder llevar el evangelio de generación en generación. ¡Nosotros tenemos una responsabilidad que también es un propósito de nuestro matrimonio: presentarle al Señor una descendencia santa y que le alabe! Nuestros hijos tienen que anhelar casarse, pero tienen que anhelarlo por la manera en que ellos ven a sus papás tratándose. No importa cuántos juguetes tecnológicos les compremos a nuestros hijos, no importa cuántas carteras o zapatos finos les compremos a nuestras hijas ¡nada de eso tiene valor!

Lo que tiene valor para ellas es si tú, mujer de Dios, estás honrando, respetando y admirando al padre de ellos. No tiene nada que ver con que ellos sean perfectos. No hay nada más hermoso que ver a nuestros hijos sonreír cuando se le otorga al esposo ese espacio de Rey, Sacerdote y Profeta que Dios le ha dado.

Esa posición se las dio el mismísimo Dios a los esposos, y las mujeres sabias son las que edifican la casa, y hacen que los hijos tengan la seguridad de saber que en casa hay un Rey, Profeta y Sacerdote guardando y cuidando el hogar.

Lo fácil para las mujeres es hacer sentir a sus hijos que están solas y que están llevando casi toda la carga. Es con ese tipo de actitudes y con otras tantas muecas y gestos de desdén que las mujeres empiezan a sacar a sus esposos de la posición santa que Dios les dio y que siempre debería merecer honra. Entonces, cuando los chicos están enfrentando alguna circunstancia negativa y se les dice: «¡Vayan a buscar a su papá!», la pregunta es: ¿qué papá van a ir a buscar esos chicos si ya se le ha sacado al esposo de esa posición? Los hijos ya no pueden confiar en ellos porque muchas veces se les minimiza su autoridad en el hogar.

Las esposas tienen que ser las primeras en unirse al Señor para establecer su cultura y su reino en su matrimonio. ¡Hay que morir a uno mismo! No hay nada más valioso que pueda hacer la mujer que amar, honrar, respetar y admirar al padre de ellos. Ni la mejor comida ni los mejores regalos se acercarán al deleite que esto producirá en el corazón de nuestros hijos. ¡Y para los hombres es igual! No hay nada mejor que el esposo pueda hacer por sus hijos que cuidar, amar y proteger a la mamá de ellos.

Tuvimos la oportunidad de exponer en una conferencia de hombres y lo primero que hicimos fue soltarles esta pregunta: ¿cuántos de ustedes creen que si su papá hubiera sido diferente, su mamá hubiera tenido una mejor vida? Fue increíble porque ¡todos levantaron la mano! Y la respuesta que casi todos tenían en común era «yo he visto sufrir a mi mamá» o «papá pudo hacer algo mejor».

BUSQUEMOS SIEMPRE LA SABIDURÍA

Podemos vivir la vida sabiamente y recibir la bendición del poder del amor, o podemos vivirla neciamente. Nuestro Señor Jesucristo, al obedecer la voluntad del Padre sobre su vida, vivió la vida sabiamente. Él es el príncipe de la sabiduría, el príncipe de la paz. Salmos 111.10 dice: «El temor del SEÑOR es la base de la verdadera sabiduría; todos los que obedecen sus mandamientos crecerán en sabiduría». Y Proverbios 3.13-16: «Alegre es el que encuentra sabiduría, el que adquiere entendimiento. Pues la sabiduría da más ganancia que la plata y su paga es mejor que el oro. La sabiduría es más preciosa que los rubíes; nada de lo que desees puede compararse con ella. Con la mano derecha, te ofrece una larga vida; con la izquierda, riquezas y honor».

Para vivir un matrimonio conforme al modelo de Dios, tienes que vivir la vida sabiamente, porque el principio de la sabiduría es el temor del Señor. El temor de Dios es decidir, por amor, hacer las cosas a la manera de Dios, no a la nuestra; y esto siempre demandará renuncia y sacrificio. El sacrificio genera honra y gloria a quien los hace, y beneficio y prosperidad por quien se hace.

La cultura no les sugiere a los esposos que cuiden a sus esposas. Esta cultura nociva del mundo les dice que deben menospreciarlas, incluso que hay que ser violentos con ellas.

La cultura de este mundo está destruyendo lo que Dios creó, y el hombre puede actuar neciamente y desenvolverse conforme a esta cultura y vivir una vida llena de machismo, que en realidad no es otra cosa que «infantilismo».

El niño siempre quiere hacer lo que él quiere, a la hora que él quiere y como él quiere, y si no se hacen las cosas a su manera, le da una pataleta. Este niño crecerá, y de la misma forma como ocurrieron las cosas cuando era niño, querrá hacer en su matrimonio lo que él quiere, a la hora que él quiere y como él quiere, y si no se hacen las cosas a su manera... ¡Pues también le da una pataleta!

El gran problema de nuestra sociedad es que aún existen niños de treinta, cuarenta, cincuenta y sesenta años de edad, que siguen siendo ellos el centro de su propio universo y que no quieren asumir la responsabilidad que les tocó vivir cuando asumieron el pacto matrimonial, de amar, cuidar, respetar, honrar y velar por la mujer de su pacto.

Ninguno de nosotros tiene el derecho de maltratar física o verbalmente a su esposa. Nuestra esposa es una hija de Dios, una princesa del Dios todopoderoso, tan valiosa que Cristo derramó su sangre en la cruz por ella. Debes saber que ella no está sola, que tarde o temprano te encontrarás cara a cara no solamente con el Creador de los cielos y de la tierra, sino que te encontrarás cara a cara con el Padre celestial de ella, es decir... ¡Con tu suegro! ¡Ella tiene un Padre todopoderoso y tú tienes un suegro todopoderoso!

Para que puedan cumplirse las promesas que hiciste aquel día que te casaste y entre en vigencia el testamento, tienes que estar, cual testador de bendición, dispuesto a morir a ti mismo.

En 1 Pedro 3.7 Dios le dice al esposo:

> De la misma manera, ustedes maridos, tienen que honrar a sus esposas. Cada uno viva con su esposa y trátela con entendimiento. Ella podrá ser más débil, pero participa por igual del regalo de la nueva vida que Dios les ha dado. Trátala como es debido, para que nada estorbe tus oraciones.

En Proverbios 14.1, el Señor le dice a la mujer: «La mujer sabia edifica su hogar, pero la necia con sus propias manos lo destruye».

Necesitamos la sabiduría de Dios para vivir un matrimonio conforme a los planes de Dios. Necesitamos tener temor de Dios para vivir nuestro matrimonio de acuerdo a lo que él quiere para nosotros. Necesitamos sacrificarnos para que la otra persona viva, tal como lo hizo el testador eterno, que se sacrificó por ti y por mí para que la otra persona pudiera vivir.

El sacrificio va a trazar la línea entre los hombres comunes y los héroes, entre los hombres y los niños, entre los obedientes y los que se dicen creyentes. Nuestros matrimonios languidecen, mueren lentamente, esperando nuestros actos heroicos. ¿Serás tú el héroe de tu familia? ¿Serás tú el que se levante y diga: «Yo voy a ser el héroe de mi matrimonio» o «Yo voy a ser la heroína de mi descendencia?».

Honra y gloria para el que se sacrifica, bienestar y beneficio por el que uno se sacrifica.

PARA SER TESTADORES, NECESITAMOS UN LEGADO QUE DEJAR

Yo, como mujer, no tenía ni esperanza de poder pensar en un buen matrimonio, en tener hijos o en tener nietos. ¡Eso era tan lejano! ¡Cuando conocí al Señor a los veinte años, tenía un hogar muy destruido! Mi padre era un hombre que se dedicó a sus proyectos de construcción de carreteras y edificios pero que nunca cuidó de su familia. Era un hombre violento y con una escala de valores distorsionada. Además, tenía una mamá que durante un tiempo solamente pensó en ella y que decidió zambullirse en la vida social y nunca cuidar de sus hijos. ¡Aún no sé cómo pudimos sobrevivir! Mis hermanos y yo, a pesar de vivir en una casa y parecer una familia normal, en realidad éramos unos huérfanos, porque nadie nos enseñó lo que era correcto y lo que era incorrecto.

Estábamos al cuidado de personas a las que se les pagaba un sueldo para que se encargaran de nosotros, pero la verdad es que nadie lo hacía. Yo nunca tuve un modelo de familia, pero cuando conocí a Jesús, supe que en lo que respecta a mi futuro, tenía que agarrarme fuerte de él para llegar al otro lado del camino.

Sabía que lo necesitaba apasionada y desesperadamente. Era como estar en el medio de un océano en una balsa, así que me agarré fuerte de Cristo y le dije: «¡A donde tú me lleves yo iré! ¡No me separaré de ti, porque si me suelto voy a volver a esas noches oscuras llenas de dolor, noches oscuras en que yo escuchaba el llanto de mi corazón que gritaba: "Quisiera morirme para no escuchar más insultos, más gritos, más golpes"!».

Para nuestros hijos es devastador vivir en hogares donde el padre y la madre se maltratan; donde los insultos van y vienen destruyendo gradualmente a ambos. ¡No es asunto tuyo y de tu esposa! Es asunto de la familia, es un asunto del dolor que le causamos a nuestra descendencia. Tú quizás pienses: *Mi hijo es tan maduro que entiende todo.* ¡Pero eso es una mentira! Ningún hijo podrá entender el hecho de que sus padres se destruyan y que desbaraten ese pacto por el cual él nació. ¡El dolor que causamos a los hijos es fuertísimo! Se los digo porque lo he vivido en carne propia, y parecía que nunca iba a encontrar la salida.

¡Y en Cristo encontramos tanta esperanza y tanta oportunidad para que el rumbo de la historia cambie! Tú está leyendo este libro, pero no eres tú quien decidió esto, es nuestro Dios todopoderoso que decidió esto desde la eternidad, porque hay algo que Dios quiere poner en tu corazón: una esperanza, una pasión, un deseo. Él quiere que ustedes vivan la vida y su matrimonio como nunca antes lo han vivido.

Así como yo me agarré del Señor, lo que te puedo decir es: «¡Agárrate firme de Cristo!». No importa qué tipo de hogar y qué tipo de familia hayas tenido, la recomendación siempre será: «¡Agárrate firme de Cristo!». Él será el único que te llevará de la mano al otro lado del río, y les dará a todas las chicas un hombre que las cuide y que las ame y que las proteja; y les dará a los chicos mujeres piadosas que sabrán cuidar el liderazgo y el corazón del hombre de su pacto.

¿Recuerdas lo que dijo Guillermo acerca del tipo de abuelo que quería ser? ¿Ese que siente a sus nietos en sus rodillas? ¡Yo también quiero lo mismo! ¡Qué hermoso es ser famoso en nuestra propia descendencia!

RENUEVEN SUS VOTOS MATRIMONIALES

Y así como cada uno de nosotros tuvimos la oportunidad de volver a nacer, estamos seguros que tu vida matrimonial tendrá esa maravillosa oportunidad de volver a nacer y vivir en bendición. ¡Ustedes pueden tener hoy una nueva oportunidad!

En esta parte los queremos animar a que renueven las promesas matrimoniales que se hicieron el uno al otro; a que organicen una ceremonia y vuelvan a prometer —ahora más conscientes de ello— todo lo que en la boda se dijeron. ¡Hagan renacer su matrimonio! ¡Depende de ustedes!

Empiecen desde ahora a pensarlo y a soñarlo, dejen que la creatividad los haga fluir y no permitan que los típicos obstáculos se interpongan: una agenda recargada, el tema económico, lo complicado de organizarlo o hasta la misma vergüenza de hacerlo. Miren las cosas por donde realmente tienen que mirarlas, definan prioridades y vayan derecho al objetivo.

Pregunten en su iglesia local ya que muchas organizan ceremonias de renovación para varias parejas a la vez, lo cual resulta muy práctico. Si quieren algo más privado, no se compliquen con algo que les demande mucha planificación, como explicábamos líneas atrás. Definan prioridades. Esto quiere decir que lo importante es el fondo: renovar los votos, y no la forma; es decir, la ceremonia misma. Entendemos que siempre anhelamos hacer todo de primer nivel, pero no nos desviemos del objetivo: fortalecer nuestro matrimonio reafirmando nuestras promesas de pacto.

Pero volvemos a decirlo: ustedes tienen que estar dispuestos a renunciar, a dejar atrás rencores, egoísmos y algunas maneras de pensar. Tienen que estar dispuestos a dejar de lado «lo que yo quiero» para empezar a pensar en «lo que nosotros queremos», a dejar de lado «lo que a mí me gusta» para darle paso a «lo que a nosotros nos gusta», a dejar de lado «lo que a mí me conviene» para hacer real la frase «lo que a nosotros nos conviene».

El Señor les quiere dar esta oportunidad, pero ustedes tienen que dar el primer paso. Así como dieron ese paso de fe al entregarle sus vidas y decirle «haz de mi vida lo que desees», es el tiempo de poner su matrimonio a los pies de Jesús y decirle: «Haz de nuestro matrimonio lo que desees». Y si están dispuestos a hacer las cosas en el temor y la sabiduría de Dios dejándose morir, podrán ver con sus propios ojos cómo cobra vigencia el testamento, y así ambos serán los beneficiarios de esta gran decisión. Es lo que el Señor anhela para ustedes en este momento.

Si has llegado hasta aquí, tenemos una noticia especial que darte: el terreno ha sido preparado en tu matrimonio para que el área de la sexualidad sea llevada a nuevos niveles. El poder del amor desata una vida sexual de primera línea; no lo dudes, así que en el siguiente capítulo prepárate a descubrir lo que Dios tiene preparado para ti. ¡Te va a encantar!

CAPÍTULO 8

EL PODER DEL AMOR DESATA UNA VIDA SEXUAL MARAVILLOSA

Una pareja de esposos viajó a otra ciudad porque había fallecido un sobrino de la esposa. Como había ido toda la familia ya no tenían espacio donde alojarse, decidieron instalarse en un hotel.

Él acompañó a su esposa en todos los desayunos, almuerzos, cenas familiares y estuvo en todo momento apoyándola hasta que enterraron al sobrino. Los familiares se fueron yendo poco a poco despidiéndose de todos. En cuanto a ellos, habían pagado para quedarse en ese hotel hasta el día siguiente al mediodía. La habitación que ocuparon era muy atractiva; además, él había hecho arreglos especiales para darle una sorpresa a su esposa.

Cuando llegaron a la habitación él empezó a besarla y a acariciarla.

—¿Qué te pasa, Javier?

—Mi amor... nos vamos a quedar esta noche aquí y... después nos vamos a la casa, encontraremos a los hijos... y se me ocurría que debíamos aprovechar que estamos solos...

—¡Eres increíble! ¡Qué insensible puedes ser! ¿No te das cuenta que acabamos de enterrar a mi sobrino?

—Sí mi amor... Pero él está muerto... ¡Y yo estoy vivo!

¿Qué pasó aquí? Muy sencillo, como ya lo dijimos, para la mujer todo es una unidad... ¡Todo! Y en este caso, para ella era imposible separar la muerte de su sobrino, que era la razón por la que estaban allí, de ese momento de romance que su esposo quería darle. En cambio, por la cabeza de él no pasaban esas ideas. Él había separado perfectamente esa posible noche de intimidad de toda aquella circunstancia dada por la muerte del sobrino.

Y allí vemos a las sufridas mujeres que les dicen: «¡Solo piensas en sexo! ¿Es que acaso no puedes pensar en otra cosa? ¡Parece que fuera lo único que te interesa!». Pero en esta visión tan simple que el hombre tiene de la vida, hay dos cosas por las que él va a una cama:

Para dormir.
Para tener sexo.

¡Es la pura verdad! Si ellas están pensando que ellos ponen al sexo en la lista de las cosas más importantes, eso es real ¡y no por eso es malo! Sucede que así fueron diseñados los hombres. Pero esto funciona muy diferente en las mujeres, quienes tienen todos los puntos interconectados: si un esposo le dice a su esposa algo ofensivo por la mañana ¡puede ir olvidándose que la va a tener desnuda en la noche en la cama!

EL PACTO ES LA BASE PARA LA INTIMIDAD SEXUAL ENTRE EL MARIDO Y LA MUJER

Si Jesucristo no hubiese establecido este nuevo pacto basado en mejores promesas, tú y yo no podríamos tener intimidad con Dios; de la misma forma, no puedes tener una genuina intimidad con tu esposa o con tu esposo si no está de por medio el pacto.

Cuando yo entiendo que estoy bajo un pacto, entonces puedo disfrutar a plenitud lo que el Señor diseñó con la intimidad sexual porque en la intimidad sexual no únicamente yo desnudo mi cuerpo sino que también desnudo mi alma y mi espíritu.

Bajo la cobertura del pacto puedo ponerme vulnerable a mi cónyuge de tal manera que me entrego o doy, porque sé que ella prometió honrarme, porque sé que él prometió cuidarme. Entonces, bajo la premisa de que estamos bajo un pacto, podemos entrar con tranquilidad y con vulnerabilidad y hallar allí la verdadera intimidad.

La intimidad sexual es la señal externa de un pacto interno, lo mismo fue con Noé cuando hizo pacto con el Señor. Dios prometió y luego dio una señal. Igual hizo Dios con Abraham cuando le hizo la promesa sobre su descendencia, Dios marcó el pacto de Abraham como una señal que ellos habían de establecer.

EL LUGAR SANTÍSIMO

¿Recuerdas lo que dijimos acerca de Noé en el capítulo del pacto? Es un hecho que Noé se sintió absolutamente aliviado cuando el arco iris apareció la primera vez que llovió después del diluvio. ¿Te imaginas qué pensaría Abraham después que el Señor le prometió descendencia? *Ya pasaron muchos años, Sara tiene noventa años... ¡ya no creo que ocurra nada!* De pronto, Abraham ve la marca de la circuncisión y exclama: «¡Tú me prometiste! ¡Voy a creer en esperanza contra esperanza!».

Esas son las señales externas visibles que nos ha dado nuestro Dios. De igual manera, la señal externa para el pacto que hemos hecho es la relación sexual. Esta relación nos debería hacer recordar: «¡Ella prometió honrarme!», «¡Él prometió amarme!». De tal manera que entremos a un santuario, porque en eso tiene que convertirse el lecho matrimonial, en un santuario de intimidad.

Te vas a dar cuenta lo bien que está un matrimonio viendo en qué estado se encuentra su alcoba. Si está descuidada y no se la toma en cuenta, ellos no están valorando algo o no lo están manteniendo a la manera de Dios. Pero si vas a una casa y la encuentras regularmente arreglada, pero la alcoba marca la diferencia y está impecablemente arreglada, allí se puede desprender fácilmente que ellos valoran el tiempo que pasan juntos.

El lugar santísimo en el tabernáculo de Moisés era donde se presentaba el Señor y donde había intimidad. El lugar santísimo de intimidad en un matrimonio está ahí, en la alcoba, donde uno hace cosas que nadie se va a enterar y donde uno susurra cosas que nadie más va a escuchar, y allí verás lo que nadie más verá. Es un lugar de intimidad entre nosotros y Dios.

EL SEXO EN UNA CREACIÓN DE DIOS ¡Y ESO LO HACE BUENO!

Cuando pensamos en todo lo que Dios ha creado, nos gozamos porque sabemos que todo lo que Dios ha hecho lo hizo bueno en gran manera. El enemigo ha venido a destruir y a pervertir todo lo que Dios ha hecho. ¡Él es un gran falsificador! Te vas a dar cuenta cuándo algo es realmente importante cuando el enemigo se ensañe para destruirlo y deformarlo.

Esto pasa con la vida sexual. Y lo podemos comprobar porque cada vez que vamos a hablar de sexo hay un tremendo silencio en la sala o simplemente el ambiente está lleno de sonrisas nerviosas, porque nadie sabe a dónde va, y tenemos tantas deformaciones en la mente que no sabemos si es santo, puro, bueno, malo, más o menos... ¡Produce cierta sensación de nerviosismo y confusión en la mente y el corazón!

Hoy más que nunca debemos tener una participación proactiva en cuanto a la sexualidad ¡y no debemos de abdicar en tratar este tema, porque solamente hay dos lugares seguros para hablar de sexo: el hogar y la iglesia. Hace ya años que la iglesia abdicó hablar de este tema; entonces el mundo lo tomó, lo deformó, lo pervirtió y hoy en día estamos viviendo las consecuencias de esa falta de proactividad de la iglesia.

Nuestras familias deberían recibir instrucción en el hogar, donde hay un padre que está guiando permanentemente, y en la Casa del Señor, donde podemos abrir la Palabra y dejar que Dios Padre nos ministre en esta área. Hay que recordarlo siempre: el sexo es una creación de Dios y, por lo tanto, es bueno, y bueno en gran manera. No hay nada de sucio ni vergonzoso aquí ¡al contrario!

Tenemos tanta libertad para poder hablar, por ejemplo, del cabello; y esa misma libertad la tenemos para hablar de las manos. Entonces ¿no deberíamos tener esa misma libertad para hablar también de los órganos sexuales? Porque, seamos claros, de sucio y pervertido esto no tiene nada.

LA MUJER PURA Y DECENTE NO HABLA DE...

Aún causa sorpresa cómo a las mujeres se les metió esta idea que es totalmente anti bíblica: la mujer pura y decente no habla de sexo... ¡Imagínense! ¡Si el sexo y el placer sexual fueron dados por Dios para sus hijos! Esto no les pertenece ni a las prostitutas ni a las amantes, les pertenece a las hijas decentes santas de Dios que han hecho pacto matrimonial con un hijo de Dios. La mujer tiene que entender que este es un tema en el que tiene que aprender a sanar sus heridas para gozar de esa intimidad, que es un deleite y una creación de Dios para el bienestar de todas nosotras.

Es un tema que se ha deformado tanto que cuando escudriñamos por qué pasa esto nos damos cuenta que en los primeros que podemos encontrar confusión en cuanto al sexo es en los padres. Solamente pensemos en el momento en que los papás les están enseñando las partes del cuerpo a sus hijitos. «Muy bien hijito ¿y dónde está tu nariz? ¡Bravo! ¡Muy bien! ¿Y dónde está tu barriguita? ¡Bravo! ¡Muy bien!». Y cuando llegan al órgano sexual ¿ustedes creen que lo llaman por su nombre? ¡Jamás! Le dicen «pipí», «pajarito», «pipilín». ¡La palabra pene parece algo prohibido!

¿De dónde viene todo esto? De la deformación que el enemigo se ha encargado de hacer a través de los años. Hay un miedo inexplicable a llamar a los órganos sexuales por su nombre: vagina y pene. ¿Acaso no te «raspa» el oído cuando escuchas estas palabras?

Recuerdo que cuando vivíamos en San Diego, veíamos en la TV un programa donde un grupo de jóvenes hacía shows para hombres que se iban a casar. Pero lo que nos turbó de ese programa (y es importantísimo decir que fue hace más de veinte años) fue que llegaron al punto de decir que cuando eran contratados, se les podía señalar con qué animal iban a tener sexo como parte del espectáculo.

¿Escalofriante? Totalmente. Y estamos hablando de veinte años atrás.

Cuando empezaron a salir las revistas pornográficas, primero salían las mujeres con ropa íntima pequeña. Luego empezaron a salir sin ropa íntima. Luego esto fue «evolucionando» y ahora también salen hombres y mujeres desnudos. Pero esto no era suficiente, y por eso empezaron a salir hombres con niños. ¡Y cada vez el diablo lo va pervirtiendo más y más!

Entonces, de ser la sexualidad una señal externa de un pacto interno, por falta de instrucción, el mundo lo tomó, lo pervirtió y lo distorsionó. Hoy en día estamos viviendo las consecuencias de esa pasividad y estamos teniendo cada vez más destrucción en la humanidad en el área sexual, ¡cuando el sexo es una creación de Dios para el beneficio de sus hijos!

BUENO ¡Y EN GRAN MANERA!

Primera de Corintios 7.3–6 dice:

> El esposo debe satisfacer las necesidades sexuales de su esposa, y la esposa debe satisfacer las necesidades sexuales de su marido. La esposa le da la autoridad sobre su cuerpo a su marido, y el esposo le da la autoridad sobre su cuerpo a su esposa. No se priven el uno al otro de tener relaciones sexuales, a menos que los dos estén de acuerdo en abstenerse de la intimidad sexual por un tiempo limitado para entregarse más de lleno a la oración. Después deberán volverse a juntar, a fin de que Satanás no pueda tentarlos por la falta de control propio. Eso les digo a modo de concesión, no como un mandato.

El mandato de Dios es: «No se priven el uno al otro de tener relaciones sexuales, a menos que los dos estén de acuerdo en abstenerse de la intimidad sexual por un tiempo limitado para entregarse más de lleno a la oración». Pero luego dice: «Después deberán volverse a juntar». Hay algo que no debes olvidar jamás: el sexo es un diseño de Dios. Él es soberano y en esa soberanía creó el sexo tal como lo conocemos. Si hubiera deseado crearlo de otra forma, lo hubiera hecho, y quizás se le hubiera ocurrido que cada uno, hombre y mujer, se saque un cabello de la cabeza, los junten, los pongan en una maceta ¡y listo! ¡Así nacerían los bebés!

¡Pero no es así! ¡A Dios se le ocurrió poner los órganos sexuales!

Déjame hacerte una pregunta: ¿estás agradecido a Dios por tus riñones? Yo creo que sí, y estoy seguro de que puedes alzar los ojos al cielo y exclamar: «¡Gracias, Señor, por mis riñones!». Y seguramente sabes que tus riñones son unos órganos maravillosos porque han sido creados con un tejido que sirve como un filtro para purificar la sangre. ¡Eso es increíble! ¡Fueron creados buenos, y buenos en gran manera!

¿Y tu corazón? ¿Estás agradecido con tu corazón? ¿Puedes imaginarte cómo es que un músculo puede bombear sangre las veinticuatro horas del día, los siete días de la semana, los doce meses del año? Y así vivimos treinta, cincuenta, setenta o noventa años hasta que el Señor decide detener nuestra vida. Y en todo ese tiempo el corazón, incansablemente, no ha dejado de funcionar.

¿Seguimos hablando de los diseños perfectos de Dios? Entonces respira hondo y dale gracias por tus pulmones. ¿Qué sería de nosotros sin ellos? Están hechos de un tejido lo suficientemente elástico como para estirarse cuando tomamos aire, y volver a su estado normal cuando lo exhalamos. ¡Gracias a Dios por nuestros pulmones!

Y así como estos órganos de los que hemos hablado, el pene es un diseño de Dios. Fue creado de un tejido esponjoso, que cuando el hombre se excita —por lo general visualmente— empieza el corazón a bombear sangre y esa sangre va por los conductos, llega hasta el pene y de esa manera se erecta y así el hombre puede tener una relación sexual. El pene, a diferencia de cualquier otro órgano, es el lugar donde se concentra la mayor cantidad de nervios sensitivos. ¡Diseño de Dios!

Esto no es producto de una maldición, de la pornografía o de lo feo y sucio que está el mundo, es el más puro y santo diseño de Dios dentro del pacto matrimonial.

¿Sabías que el clítoris —que está en la parte superior de la vulva— tiene como única función producir placer? ¡No existe para otra cosa! ¿Puedes creer que ningún mamífero hembra tiene clítoris? ¡Qué gran diseño de Dios! El Señor lo creó bueno... ¡y bueno en gran manera!

Cuando entendemos que el sexo es bueno, y es así porque es una creación divina de Dios, es parte de nosotros y tiene un propósito, entonces allí podemos verlo como una bendición. La intimidad sexual es como un nutriente que va a sostener la vida de una sola carne: si no tenemos ese nutriente, esa vida de una sola carne va a ser sorprendentemente débil.

¡SOY TAN ESPIRITUAL QUE EN MI MATRIMONIO NO NECESITO DE SEXO!

Si esta frase alguien la está pensando solo tenemos que decirle que es un desobediente a la Palabra de Dios. El sexo es necesario, porque en la intimidad sexual nosotros podemos desnudarnos espiritual, emocional y físicamente. Es la única relación humana donde todo el ser trino es uno solo. No existe relación como esa, yo puedo amar y adorar a mis hijos, pero jamás será igual a la intimidad que existe en el matrimonio.

La relación matrimonial es la relación más fuerte pero al mismo tiempo la relación más frágil. Siendo la relación más íntima es con la que más cuidado debemos tener. Tú puedes decir: «Ahí va mi hermana», «Ahí va mi mamá» o «Ahí va mi prima», y no importa lo que pase, ellos siempre van a ser tu hermana, tu madre o su prima. No importa cuánto tiempo se hayan dejado de ver, siempre guardarán un cariño especial por esa persona. Sin embargo, miles de veces hemos oído decir: «Ahí va mi ex esposo» o «Ahí va mi ex esposa».

Siendo la relación más íntima, tiene la cualidad de ser la más frágil, entonces la intimidad sexual sirve para nutrir esta relación de pacto. Si no tenemos una sexualidad sana y continua, nos va a faltar el principal nutriente que nos va a mantener juntos ¡por eso es importante trabajar en esto!

La manera cómo tener relaciones sexuales sanas no siempre depende de la manera como te han formado, sino de la experiencia que has podido tener. Muchos hombres y mujeres que han tenido pecados sexuales en el pasado conservan una terrible dureza de corazón. Hay personas que se quejan de la dureza de sus parejas, pero que no saben cuál ha sido el pasado, cuál ha sido el pecado no confesado.

LA INTIMIDAD SEXUAL ES EL REGALO DE BODAS QUE DIOS LE DIO A LA HUMANIDAD PARA CELEBRAR EL PACTO MATRIMONIAL

Dios nos dio la sexualidad como un gran regalo de bodas, y es un regalo tan especial que solo nos hace falta mirarlo para saber lo especiales y amados que somos para Dios. Y este regalo es tan hermoso, que cada vez que es compartido es como que renueva todo tu ser porque va a producir vida.

¿Te has dado cuenta que después de una noche maravillosa en la alcoba, el esposo silba y canta en la ducha? Este regalo produce vida espiritual, vida emocional y produce vida física. Cuando uno tiene este maravilloso regalo y lo puede compartir con la persona que ama ¡hasta alaba a Dios en la ducha! ¡Tiene más vida en sus sentimientos, se siente aceptado!

Cuando una mujer no quiere tener intimidad sexual con su marido, él se molesta, entonces ella reacciona y dice: «¡Lo único que te importa es el sexo!». Pero no es así. Él se molesta porque se siente rechazado. Los hijos de Dios, no hemos nacidos para ser rechazados, esto normalmente afecta en forma directa a nuestra identidad, porque somos aceptos en el amado. ¡Por eso nos duele tanto cuando alguien nos rechaza!

Este regalo produce tanta vida que con él se nos ha dado la milagrosa y maravillosa capacidad de procrear, pero si este regalo es abierto fuera de la cobertura del pacto, este mismo regalo que fue dado por Dios para la humanidad para que produzca vida en todo tu ser trino, este mismo regalo puede producir muerte. La muerte espiritual está descrita en la Palabra cuando dice que ningún fornicario podrá entrar al reino de los cielos.

También produce muerte emocional. No hay algo más destructor que entregarse por completo a alguien para que al día siguiente te diga: «Ya no quiero saber nada de ti». No te puedes ni imaginar la cantidad de suicidios que ocurren cuando alguien es rechazado después de entregarse en espíritu, alma y cuerpo a otra persona.

Finalmente, también vemos muerte física. Por eso podemos ver las alarmantes estadísticas de aborto alrededor del mundo.

El área sexual en el matrimonio no solamente genera vida sino que da la fortaleza para poder volver a empezar de una forma óptima la relación matrimonial. Es posible que tú hayas pasado mucho dolor en tu relación y los corazones pueden estar muy dañados, pero la sexualidad sana, en el orden de Dios, siempre trae vientos nuevos y renueva completamente el deseo de amar y de seguir luchando juntos.

Por eso es importante que trabajemos para que nuestra óptica de la intimidad sexual sea la correcta. Puede parecer muy curioso pero hasta ahora la gente me pregunta: «Pero Milagros, ¿es esto bueno o es malo?». Yo les respondo: «¡Es muy bueno!». Y es cierto que la Biblia no especifica qué es lo que tienes que hacer y qué es lo que no tienes que hacer dentro de la alcoba; sin embargo, todos tenemos conciencia y todos tenemos la capacidad de oír a Dios, y es allí donde el Espíritu Santo nos puede decir si el camino que estamos tomando es correcto o no.

No entres a la intimidad sexual tratando de no trasgredir nada porque no es claro, pero sí cuídate de no hacer cosas que vayan en contra de la naturaleza. ¡Trabajen en que esto funcione! Porque siendo así, esto definitivamente va a traer fortaleza para poder ejercer una mejor paternidad. Van a poder dar a los hijos un hogar seguro y todos van a poder deleitarse de pertenecer a una familia sin igual, donde la vida está hecha para disfrutarla y no para aguantarla.

Cuando veas un matrimonio con una sexualidad sana, no va a importar los años que los cónyuges estén casados, ya que siempre habrá en sus ojos ese brillo del romanticismo y del amor que solamente se sostiene producto de una buena sexualidad.

Las mujeres se dejan llevar más por lo que oyen, por lo que el esposo les susurra, por los elogios, por las palabras que él tiene hacia ella; en cambio los hombres son 100% visuales, ellos necesitan ver para excitarse. ¡Nadie dijo que para tener relaciones sexuales se tenía que apagar la luz, pero todas lo hacen! ¿De dónde salió eso? Querido(a) lector/lectora ¿se te ocurre una respuesta?

Yo tengo una: esa predisposición a la oscuridad en un momento de intimidad sale del rechazo.

El hombre necesita mirar para poder excitarse ¡y eso no tiene nada de malo! El hombre es más propenso a tener las relaciones sexuales más rápido y más fácil porque Dios lo creó así; en cambio, la mujer es mucho más rápida para tener intimidad en el alma que el hombre. La mujer encuentra muchísima satisfacción en la intimidad del alma. Cuando alguien tiene empatía con mi dolor, con lo que yo estoy sintiendo y viviendo... ¡Y eso a mí me satisface!

El hombre no tiene tanta facilidad para tener intimidad en el alma porque no expresa fácilmente lo íntimo de sus sentimientos. El hombre no necesita que alguien se identifique con él, pero sí tiene la habilidad dada por Dios de tener mucho más fácilmente intimidad sexual que la mujer. ¿Cuántas veces hemos emitido juicio sobre nuestros esposos diciendo: «¡A ti lo que más te importa es el sexo!» y no nos damos cuenta de que Dios lo creó así, y si Dios lo hizo así ¿quiénes somos nosotras para juzgar la creación de Dios?

Es cierto, al hombre Dios le dio el deseo, pero a la mujer le dio el poder del sexo. La mujer de Dios atesora este poder, lo santifica y no lo usa para manipular la voluntad del hombre ni para destruir al hombre; todo lo contrario, la mujer sabia, aquella que edifica su casa, lo usa para el beneficio de su esposo.

¡Cuántos hombres han dejado a la mujer de su juventud por ir tras una mujer que les complacía sexualmente! ¡Cuántas mujeres han manipulado hombres y estos hombres han dejado su reinado y su descendencia producto de la manipulación sexual! ¡Cuántas mujeres han pervertido este poder y han competido con Dios por el corazón de un hombre! Las mujeres que han actuado de esta manera parecen olvidar que tendrán que rendirle cuentas a Dios. Ningún ser humano tiene la potestad de manipular la voluntad del hombre, porque el hombre fue creado por Dios con libre albedrío. ¿Quién entonces desafiará a Dios y tratará de poner en esclavitud al hombre?

Lamentablemente la manipulación es tan perversa... ¡y tan común!

¿Qué sucede si el hombre toma a la fuerza a una mujer para tener una relación sexual? Pues esto es considerado un delito. Al tomar algo que no le es entregando voluntariamente ¡es ir contra las leyes civiles y las leyes de Dios! Ningún hombre tiene la autoridad de tomar algo que no se le entregue. Los dos tienen que entender bien el plan de Dios, alinearse a él y, voluntariamente, sanando esta área, poder ministrarse en la relación familiar. Y como ya lo vimos, la manera en que una pareja se está ministrando en esta área se verá reflejada en cómo se ve la alcoba.

TU DORMITORIO, TU SANTUARIO

La gente se preocupa que la sala se vea linda, que la parte del comedor impresione a todos lo que entren, ¿pero cuánto se preocupa para que la alcoba sea ese lugar de reposo de su pareja? ¡El dormitorio tiene que ser la habitación más linda, y tú, mujer de Dios, tienes que ser esa mujer que realmente administre bien ese santuario en el hogar!

Por lo general, el hombre no tiene la habilidad de fijarse en los detalles, pero una mujer de Dios, con un corazón sano, sabe administrar bien su casa. Y el cuarto no tiene que estar con ropa tirada ni con montones de cosas que no se usan. Esa habitación debe estar hermosa. Coloquemos buenas sábanas, la mejor cubrecama, velas con olores, que la ropa del esposo esté bien colocada, que sus zapatos estén ordenados en un lugar de manera que cuando él termine un día agobiante en el trabajo, inmediatamente piense: *¡Quiero estar en mi lugar de reposo!* y cuando entre a la habitación, que sea ¡su habitación! Ellos tienen que saber que allí serán ministrados por la mujer de su pacto.

Si cada mujer hiciera todo lo que estamos leyendo en estas páginas ¿en verdad crees que habría posibilidades que el esposo estuviera detrás de cualquier mujer? ¡Todo lo que el hombre y la mujer no saben administrar lo pierden! Sucede en lo espiritual, en lo emocional y en lo físico. ¡Inclusive lo podemos ver claramente en los negocios! Si tú estás al frente de un negocio y no sabes administrarlo ¡definitivamente lo perderás!

Una mujer sabia sabe edificar su casa. ¡Despierten mujeres de Dios! Él nos ha dado toda la sabiduría y cualidades para ministrar al esposo. ¡Si tan solo pudiéramos entender el poder que tenemos en nuestras manos para darle vida a esta relación! ¡Si pudiéramos ser lo suficientemente espirituales para ver el plan de Dios en la relación sexual! Si fueran así las cosas, les aseguro que el divorcio no existiría.

DE PARTE DE MILAGROS AGUAYO PARA ELLAS

Yo les recomiendo a las mujeres: cada vez que se bañen y se vayan a dormir con sus esposos, vayan a dormir lindas. Lo mencionamos en nuestro libro *Cómo hacer feliz al esposo* y lo volvemos a decir: ¡boten esos pijamas mata pasiones que tienen en la casa! Tiren al tacho eso que las cubre desde el cuello hasta los pies. ¡Hay mujeres que se cubren con chalina, medias gruesas y hasta guantes! Y lo único que puedo decir cuando veo aquello es... ¡pobre marido!

Porque en realidad no hay absolutamente ningún tipo de excusa para evitar tener un lindo pijama y unas simpáticas pantuflas. ¡Hay cosas que no necesariamente cuestan mucho dinero y te ayudarán tremendamente a tener una vida íntima más agradable!

¡Administra bien lo que Dios te ha dado! Tu esposo merece que seas una mujer idónea que cumplas con cuidarlo. A veces veo que algunas mujeres que tienen sus pijamas de seda guardadas en un lugar visible y yo les pregunto: «¿Y eso?». ¿Y saben la respuesta que he oído alguna vez? Pues nada menos que: «¡Ahhh... eso es para cuando me enferme!».

¿?

(Estimada lectora, por favor interpreta estos signos de interrogación como mi rostro: totalmente confundido y asombrado...)

¿Qué fue eso? ¿Es que hay algunas personas que tienen más fe en enfermarse que en salvar su relación matrimonial? ¡Es increíble!

Si me preguntas: «¿Es esto en verdad importante?». Mi respuesta es: «¡Muchísimo!». «¿Y esto tiene algo de espiritual?». Te respondo: «¡Más de lo que te imaginas!». Porque yo soy la mujer con quien Guillermo hizo pacto y la intimidad sexual es la expresión externa de ese precioso pacto. Así que ¡traten de ir a dormir oliendo a perfume! ¿Te parece mucho? No será demasiado si quieres oír de la boca de tu esposo: «¡Soy el hombre más bendecido de esta tierra!».

No necesitamos tener el cuerpo perfecto, porque ellos nos aman tal como somos. No necesitamos estar cubriéndonos con un recato exagerado. Él necesita verte, pero necesita verte cuidada a ti y bien cuidado su santuario. Nosotros en nuestra habitación no escatimamos esfuerzos para que sea ¡nuestro lugar! Tenemos velas aromáticas, ponemos música y lo vestimos como debe ser, porque si hay una habitación bonita en mi casa ¡es la mía! Tienen que recordar a cada momento que si nosotras administramos bien lo que Dios nos dio, nadie nos lo podrá robar.

¡SÉ CREATIVA!

Pueden existir cientos de motivos para que te distraigas y uno de los más comunes es «los niños están pequeños y no nos dejan hacer nada». Al respecto, tengo que decirte algo: esos niños tienen papás, y los papás son los que establecen los horarios. Les das de comer a las seis y los acuestas a las siete y cuando ellos te digan: «Mamá es que no tengo sueño», tú solamente contéstales: «No te preocupes hijito, ya vas a tener, aquí nadie se levanta de la cama».

¡Es así! ¡Ustedes tienen que establecer las reglas del juego con los hijos para que esas reglas jueguen a favor de ustedes! Tengan un horario con ellos y de esta manera sabrán más fácilmente qué momento tienen disponible cada día para disfrutarse mutuamente. ¡Si en un hogar hay padres tiene que haber orden! No puede ser que los niños tomen control del hogar y que los padres se resignen a dejar de tener noches románticas.

Si de la relación de los papás va a salir la esencia que les va a dar seguridad a los niños ¡tenemos que cuidar esa intimidad! No dejes de ponerles música de alabanza y adoración por las noches para que seas tú quien determine la atmósfera que va a gobernar tu casa. ¡Tú eres quien determina el clima que se vive en tu hogar!

Si tienen hijos pequeños haz citas con tu esposo, organicen sus agendas para eso y no sientan vergüenza. No hay por qué sentirse mal por esto; todo lo contrario, el sexo los dignifica como esposo y esposa. Nos ponemos de acuerdo y trabajamos para que en la noche todo funcione. Terminamos nuestro trabajo temprano, hagamos que la habitación tenga un olor diferente, no olvidemos los detalles, tratémonos con cariño y vistámonos para la ocasión.

Si el hombre encuentra que la mujer crea todo este clima maravilloso, él va a querer estar en el único lugar donde es sorprendido gratamente: ¡su casa! Pero... ¿qué hace la mujer muchas veces? Toma la posición de ama de casa y ¡pobre de aquel que intente hacer cualquier cosa fuera del orden que la señora estableció... ¡Es como si la casa fuera solamente de ella! Apenas él quiere hacer algo ella lo satura de órdenes y advertencias para que las cosas estén a la medida de ella; entonces, el único lugar en el que el hombre quiere estar es en la oficina (porque allí sí encuentra aceptación) o en el garaje, con su auto o sus herramientas.

Luego de esa hostilidad, la mujer llama a su amiga y no hace otra cosa que decirle: «¡Este está loco! ¡Parece que ni siquiera quiere estar en la casa!». Entonces yo me pregunto: ¿cómo se va a sentir cómodo en un lugar donde su reinado no vale nada?

¿Saben dónde radicaba el éxito de las familias en la antigüedad? En que se sabía honrar al hombre de la casa. Antes se atendía al esposo-papá de una manera diligente, se le servía un buen plato de comida y los hijos tenían expectativa porque «ya viene papá». Después de la cena podía haber un riquísimo queque casero preparado por la mujer de la casa. ¡Ese era el secreto de las familias de antes! ¡La verdadera honra al rey de la casa! Pero hoy en día la mujer suele estar descuidada en la honra.

ELLOS SON COMO EL FOCO, ELLAS COMO LA PLANCHA

Recuerden que en la intimidad sexual el hombre es como el foco, solo hace falta presionar el interruptor ¡y se enciende de inmediato, casi instantáneamente! En cambio la mujer es como la plancha ¡de a poquito se va calentando! Y una vez que está caliente ¡quién la enfría! Entonces caballero, sé gentil. La palabra «caballero» no está solamente para ser usada como letrero en un baño.

Halágala, cuídala como vaso más frágil, sé todo un *gentleman* con ella, díle cosas lindas, anda preparando el ambiente en su mente y en el corazón de ella, y van a disfrutar los mejores momentos de sus vidas ¡sabiendo que están bajo el pacto!

¡Aquí no hay nada que ocultar! Ella prometió honrarlo y él prometió amarla... Y esas promesas fueron hechas delante de Dios. Ese mismo Dios es el que nos dio este hermoso regalo de la sexualidad, por eso no tenemos ningún derecho de estar negándonos el uno al otro.

Con esa confianza que siempre debemos tener en esta relación de pacto no deberíamos tener problemas en estar en la intimidad y conversar acerca de lo que nos gusta y de la forma cómo sentimos mejor la sexualidad. ¡Tenemos que dialogar y decir esto es lo que me gusta! ¿De qué otro modo podemos saber los gustos y preferencias en la intimidad con nuestro cónyuge si no es comunicándonos?

Mucha gente nos dice: «De acuerdo, quiero tener una vida sexual sana y buena con mi pareja, pero ¿cuánto es suficiente?». Eso va a depender exclusivamente de ustedes. No hay absolutamente ningún estándar en este sentido que nos defina la medida de lo bueno y una raya donde estemos cruzando directamente a lo malo.

Puede ser una vez a la semana, puede ser tres veces por semana puede ser todos los días... ¡Depende de ustedes! Lo importante es que no dejen que pasen periodos muy largos, porque cuando esto pasa, lo único que están haciendo es poner a su cónyuge en peligro.

¡CON LA RELACIÓN SEXUAL TRANSMITIMOS VIDA!

Recuerden que lo que están haciendo en la relación sexual es ministrar. Están transmitiendo vida. Dios no hizo las cosas porque simplemente se le ocurrió. No es que cuando estaba creando a Adán se dio cuenta de que «le sobró un poquito de tela», entonces hizo el pene... O que cuando estaba creando a Eva «le faltó un poquito de tela» y así creó la vagina. Esto no es así, Él tiene un propósito para todo y en esta relación tan compleja pero hermosa hay mucho poder. Estamos ministrando vida.

Hay personas que suelen decir que no tienen mucho tiempo para esto, por decenas de motivos y quizás las noches se reduzcan a unos breves minutos de intimidad. Puede pasar, pero lo importante es que no dejemos pasar más de una semana sin que haya un momento de intimidad porque eso es ir cultivando algo, y en esas noches especiales no vaya a hacerlo rápido y de ahí rápidamente a dormir. ¡Eso no! Propóngase: voy a ministrar su corazón, esta noche voy a hablar y también seré delicado para escuchar. Voy a estar atento a su corazón, voy a acariciarla (porque hay hombres que ni siquiera acarician, van de frente a lo que desean y terminan más rápido de lo que piensan).

Tú tienes que saber si tu esposa obtuvo placer y si se sintió cómoda en ese momento, porque de eso se trata, de ministrar el corazón de mi cónyuge. Así que por lo menos esto tiene que ser una vez a la semana.

¿SE TRATA DE MÍ O SE TRATA DE MI CÓNYUGE?

El sexo es una guerra contra el enemigo. Satanás ha venido para matar, robar y destruir; y el enemigo quiere robar nuestra vida matrimonial y la intimidad sexual va a servir como un protector para cuidarnos de todo lo que el enemigo quiera traer a nuestra relación. En la intimidad sexual tenemos la oportunidad de unirnos el uno al otro.

Uno de los grandes enemigos de la intimidad sexual es la vergüenza. Luchen por despojarse de la vergüenza ya que es un ladrón de relaciones, de futuro y de oportunidades. Los pecados sexuales que hemos cometido en el pasado muchas veces endurecen y predisponen la mente y el corazón para tener relaciones —especialmente en lo sexual— deformadas y distorsionadas.

Yo, al igual que Milagros, crecí en un hogar que no era cristiano. No supe de Dios desde pequeño; por lo tanto, mis primeras experiencias sexuales fueron distorsionadas, basadas en la lujuria y en la lascivia. ¿Qué es la lujuria y la lascivia? Es simplemente satisfacerme a mí mismo a costa de los demás, y esa era mi óptica para la relación sexual: satisfacerme a mí a costa de los demás; esta es la forma torcida como aprendí a tener sexo.

Sin embargo, cuando nací en Cristo, supe que Dios me había creado para amar y por lo tanto para dar. Al estar en el pacto, prometí darle el bienestar a la otra persona. Según los estándares de Dios, el amor lo podemos definir como buscar el bienestar de la otra persona aun a costa del mío.

De aquí podemos inferir de qué se trata cuando estamos entrando a esta señal externa del pacto matrimonial, que es la sexualidad: se trata de satisfacer a mi cónyuge y buscar el bienestar de él o ella ¡aun a expensas de lo que yo quiero, deseo y siento! Y cuando tú entras bajo esa óptica, vas a poder ministrar el amor de Dios a tu pareja a través de la intimidad sexual y evitarás una de las situaciones que más daño le hace a la relación sexual en el matrimonio: que tu cónyuge sienta que la estás utilizando para satisfacerte a ti mismo solo movido por la lascivia y la lujuria.

Dios nos dio el impulso sexual para ministrar a nuestra pareja no para ministrarnos a nosotros mismos.

¿Qué es lo que va a matar el deseo sexual en un hombre? Pueden ser pecados ocultos nunca confesados, heridas del corazón en esta área o también puede ser demasiado estrés. El estrés hace que el hombre no pueda tener erección. A veces, el hombre quiere pasar por alto esta circunstancia, pero lo cierto es que, en esta área del matrimonio, nada debe ser pasado por alto. Si sabes que sufres de disfunción eréctil es absolutamente necesario que lo converses con tu esposa y que vayas a ver a un médico.

De la misma forma, si hay una mujer que siente dolor en el momento del acto sexual porque no tiene una lubricación sana y normal, debería ir a una ginecóloga porque ahora hay variedades de lubricantes para que pueda disfrutar de una buena relación sexual.

No existe ninguna excusa para que niegues a tu cónyuge este poder santo que hay en la sexualidad que Dios nos ha dado. Es una gran responsabilidad la que tenemos para luchar juntos por una sexualidad sana.

CON UNA VIDA SEXUAL SANA ESTAMOS HONRANDO A NUESTRO CÓNYUGE

A lo largo de nuestra experiencia aconsejando matrimonios, hemos visto cómo la gente pretende resolver sus problemas en el área de la sexualidad a través de recetas, consejos, sugerencias, fórmulas, trucos, estrategias y todo cuanto se les pueda ocurrir. Hemos visto a matrimonios probar literalmente de todo para recuperar ese encanto, ese «no sé qué» que en algún momento los emocionó hasta los tuétanos y que los llevó al altar.

Una cosa es cierta: no existe la fórmula mágica que llevará nuestro matrimonio a los niveles que esperamos, pero hay otra cosa aun más cierta y más real: en una relación matrimonial el «secreto» está en ser uno en el espíritu, uno en la carne y uno solo en el alma. Cuando un matrimonio ha logrado entrar a la dimensión de la unidad en todo su ser trino, no existe el divorcio, porque cordón de tres dobleces no se rompe fácilmente.

Sin embargo, hay que dejar bien en claro una cosa: ser uno solo en la carne no es lo principal no obstante que se convierte en una ayuda fundamental en la sobrevivencia del matrimonio. Cuando nos preocupamos de forma genuina por esta área de la vida de nuestro cónyuge estamos sembrando también semillas de honra, ¡y la honra vivifica a quien la da y también a quien la recibe!

¡Estás invitado a recorrer el último viaje de este libro descubriendo cómo el poder del amor desata honra!

CAPÍTULO 9

EL PODER DEL AMOR
DESATA HONRA

Fue una vez un muchacho, el primero en todo. Mejor atleta, mejor estudiante, pero lo que nunca supo fue si era un buen hijo, un buen compañero o un buen amigo. En un día de depresión el muchacho se dejó morir. Cuando iba camino al cielo se encontró con un ángel que le preguntó: «¿Por qué lo hiciste si sabías que te querían?» a lo que él respondió: «Hay veces que vale más una sola palabra de consuelo que todo lo que se sienta... En tanto tiempo, nunca escuché un: "Estoy orgulloso de ti"... un "Gracias por ser mi amigo"... ni siquiera un: "Te quiero mucho"».

Al quedar pensativo el ángel, el muchacho añadió: «¿Y sabes qué es lo que más me duele?». Triste, el ángel le pregunta: «¿Qué?», a lo que él responde: «Que todavía espero oírlo algún día...».

Luego de esto, el ángel abrazó al muchacho y le dijo que no se preocupara porque se acercaba a la única persona que siempre le dijo al oído que lo amaba, mas él nunca lo escuchó. Sin embargo, esa persona lo esperaba con los brazos abiertos...

La honra da vida no solamente a quien la recibe, también a quien la da. Este muchacho no encontró honra a su alrededor; por tanto, encontró en su vida destrucción. El matrimonio también necesita de la honra para sobrevivir; es otro de los elementos que nos proporciona el poder del amor.

EL PODER DE LA HONRA

Una cosa es el individuo y otra muy diferente es la acción. Una cosa soy yo, mi valía como persona, y otra cosa es la acción. Nosotros estamos caminando hacia un desarrollo en diferentes áreas de nuestra vida. Como estamos en un proceso de evolución como seres humanos, de todas maneras habrá un momento en que vamos a equivocarnos, y debemos permitirnos darnos ese espacio para fallar, porque... ¿quién no falla? Cometeremos errores de toda índole y de todo calibre, pero eso no tiene que ver nada con nuestra valía, con quién en realidad somos.

La conducta siempre tiene que ser separada de la identidad. Si no eres capaz de hacerlo, corres el riesgo de quebrar el corazón de la persona con la que te relacionas. Sucede en la relación con nuestros hijos y, por supuesto, sucede en la relación matrimonial.

Una cosa es que en un momento determinado le digas a tu cónyuge: «Eso que hiciste no está bien» y otra cosa muy diferente es que le digas: «No vales nada» o, «Eres la persona más torpe que conozco». Venimos trabajando con familias hace veinte años, y aun en los hogares con gente que se calificaría como «cristianos ejemplares» es posible escuchar las palabras más soeces. Lo hemos visto una y otra vez.

¿Recuerdas la última ocasión en que hiciste cosas que nunca debiste hacer o dijiste cosas que nunca debiste decir? Es terrible decirlo, pero es cierto: tenemos la cultura de maldición a flor de piel; por eso, el primer paso que debemos dar, y de forma inmediata, es transformar esa cultura de maldición en una cultura de bendición por medio de la Palabra de Dios.

¿Y qué hay de esas declaraciones como: «Ya me tienes harto» o, «Estoy cansado de ti»? ¿Son el pan de cada día en nuestro hogar? Nos urge ahora más que nunca seguir el consejo que el Señor nos da a través del apóstol Pablo: «Ámense unos a otros con un afecto genuino y deléitense en honrarse mutuamente» (Romanos 12.10).

¡El amor siempre activa honra! Deléitate en honrar a tu cónyuge. Que sea una práctica cotidiana en tu matrimonio. Uno honra a la persona que ama, admira y respeta. ¡Qué deleite más beneficioso para el matrimonio es decirle a su cónyuge: «¿Sabes? Lo que hiciste estuvo espectacular...», «La forma en que encaraste esa situación con nuestros hijos fue fabulosa» o «Aprecio enormemente lo que haces». ¿Te imaginas comer de este pan cada día?

¡Nuestros hijos siempre están observándonos aun más de lo que nosotros nos imaginamos! Cuando nos ven prodigándonos honra, aprenden a honrar. Es muy difícil que encontremos a alguien que nos diga: «Mis hijos me salieron con una capacidad innata e increíble para honrar a los demás». Tú eres quien hace que el agradecimiento y la honra sean parte de tu familia, porque tus hijos no cosecharán del árbol que jamás plantaste.

La cultura de maldición en la que la mayoría de la gente suele vivir a diario hace que uno de los cónyuges llegue a la casa con un presente y lejos de recibir por lo menos las gracias, le digan: «¿Para que traes esto?» o «¡Y ahora en qué te estás gastando la plata!».

NUESTRAS RAÍCES DE HONRA

¿Recuerdas el lugar preponderante que solía tener el papá en la casa? ¿Recuerdas todos los gestos de honra que la familia tenía para con el hombre de la casa? Nosotros hemos crecido en esa cultura donde el papá tenía el lugar preferencial en la mesa, crecimos viendo cómo el plato que se le servía a papá era más grande y con porción de comida más abundante y nutrida que la del resto de la familia. Es curioso, pero ¡hasta los cubiertos de papá eran más grandes que los demás!

Esa es la honra natural que podíamos ver; es la honra con la que hemos crecido y, por lo tanto, es la que aprendimos. Sin embargo, en esta era posmoderna, donde lo que prima es la satisfacción del yo, se nos está robando este gran poder que tiene la honra y está formando familias que crecen en maldición constante, sin palabras de agradecimiento y sin gestos que denoten cuánto nos amamos. El enemigo nos está robando la honra hacia el padre, ¿y sabes por qué? Pues porque la cobertura de la familia es el papá y si no ejerce esta función, todo se desbarata.

¿Recuerdas que al inicio del libro nos referimos al programa *Matrimonio con hijos*? ¡Eso es lo que nos están metiendo entre los ojos a diario! Muchos de los programas de la televisión de mayor audiencia son familias que tienen al papá como un payaso, incapaz de honrar a su esposa pero con una asombrosa habilidad para burlarse de ella. Los estándares de honra y respeto han quedado reducidos a historias de cómo eran nuestros papás y nuestros abuelos, y nuestra escala de valores se está invirtiendo poco a poco. Como decía el mismo Jesús hace más de dos mil años, estamos llamando bueno a lo malo y malo a lo que es bueno.

¡LO ENTENDÍ, TENGO QUE HONRAR A MI CÓNYUGE! ¿CÓMO EMPIEZO?

Tenemos algunos principios básicos que no debes olvidar en cuanto a la honra:

1. El más beneficiado es el que da la honra, no el que la recibe

Muchas veces hemos pensado que estamos cediendo terreno cuando constantemente damos honra y agradecimiento, y que tenemos que medir cuidadosamente la gratitud que le damos a nuestro cónyuge; sin embargo, esa mezquindad lo único que nos trae es maldición robándonos la oportunidad de acercarnos más a él o a ella.

La Palabra de Dios, en el libro de Efesios dice: «Honra a tu padre y a tu madre, que es el primer mandamiento con promesa, para que te vaya bien y seas de larga vida sobre la tierra» (6.2–3). La honra es la combinación de dos valores poco promovidos en nuestra sociedad: humildad y gratitud; con estos valores yo vengo a reconocer la valía que mi cónyuge tiene. Es imposible dar honra si no tienes estos dos elementos en el corazón y si no los das generosamente a tu cónyuge.

No solamente se honra alabando públicamente a nuestro cónyuge; también lo hacemos velando por sus intereses y por las cosas que son importantes para él o ella. Si para nuestro cónyuge es importante tomar un café, yo voy a honrarlo invitándole a eso que tanto le gusta porque quiero velar por aquellas cosas que le son importantes. En este punto quizás uno podría pensar: *Bueno, mi cónyuge salió ganando aquí porque yo tengo un concepto clarísimo de la honra, así que todo será para él o ella.* Sin embargo, hay que recordar el punto que estamos tocando: el más beneficiado es el que da la honra, no el que la recibe.

Cuando yo decido honrar a mi cónyuge ¡por supuesto que eso lo va a beneficiar! Es allí donde tenemos que recordar que todo lo que el hombre siembre, eso cosechará. Si yo siembro semillas de maíz, es un hecho que cosecharé varias mazorcas y tendré abundancia de ellas, entonces ¿podemos imaginarnos qué ocurrirá cuando sembremos en nuestro cónyuge abundantes semillas de honra? Pues allí cosecharemos más abundantemente de lo que podemos pensar o imaginar.

2. La honra va a abrir o cerrar puertas

Recordemos que la honra es una mezcla de humildad y gratitud, entonces allí necesitamos un corazón totalmente dispuesto para ofrecer estos dos elementos. La honra es una llave que abre y cierra puertas. Si estás deshonrando a tu cónyuge constantemente con críticas, insultos o haciendo que quede mal delante de los demás, lo único que estás haciendo es cerrar una puerta en la vida de él o de ella y, de ese modo, no podrás expresar toda la vida que Dios le ha puesto en el corazón.

3. La honra descubre lo que hay en nuestro corazón

A través de la capacidad de dar honra es cuando descubrimos si en nuestro corazón hay mezquindad, egoísmo o un excesivo amor al yo, que es lo que está azotando actualmente a nuestra sociedad.

Una persona que no puede honrar es una persona que tiene resentimiento en su corazón. Cuando no hemos perdonado, es muy difícil prodigar honra. El poder de la honra es clave para sustentar un matrimonio y para que toda la familia crezca conforme al corazón de Dios.

La honra es un camino hacia los milagros inesperados. ¿Tienes dificultades en tu matrimonio? ¿Estás pasando por una situación que a veces parece inmanejable? Nuestro consejo es: ¡empieza a honrar! Empieza a admirar, a servir y a valorar. Este es el comienzo del camino hacia los milagros inesperados. Pero ten en cuenta que no hay honra sin sacrificio; solo una completa renuncia a lo que yo quiero es lo que nos abre el camino hacia el poder de la honra.

Jesús decidió honrar a su Padre celestial y en esa decisión encontró la muerte. Fue una renuncia completa a su vida para darle a su Padre la honra total; sin embargo, al tercer día Jesucristo resucitó, en vida y en poder. Este es un principio que de todas maneras se cumplirá en tu matrimonio, así es que decídete a entregar todo para honrar a tu cónyuge, sacrifícate al máximo y da hasta tu vida si es necesario, pero después prepárate porque tu matrimonio experimentará ese poder sobrenatural que vivificará lo que parecía apagado.

¿Y DE QUÉ MANERA HONRO A MI CÓNYUGE?

Primero, con nuestro testimonio, con una conducta intachable que permita ser testimonio antes que una simple promesa. Segundo, con nuestras palabras. Es sumamente importante que tengamos poder sobre nuestra lengua y controlemos cada palabra que decimos. Observemos lo que nos dice Santiago 3.2: «Es cierto que todos cometemos muchos errores. Pues, si pudiéramos dominar la lengua, seríamos perfectos, capaces de controlarnos en todo sentido».

También honramos a nuestro cónyuge con nuestros bienes. Jesucristo recibió honra en su nacimiento con el oro, el incienso y la mirra que le llevaron los sabios de Oriente. De igual manera, tú debes separar una porción de tus bienes para honrar a tu cónyuge a través de un regalo o algún detalle que sepas que le agradará. No seas mezquino en este tipo de honra y deja que la generosidad libere el poder de la honra que hay en ti.

Finalmente, honra con tu servicio, siendo atento en servir a tu cónyuge y dedicando tiempo y talento a servirle. Tu cónyuge lo verá y lo apreciará en gran manera, y tú, como ya dijimos, cosecharás más abundantemente de lo que puedas imaginar.

¿CONFORMES A LA PALABRA DE DIOS O A NUESTRA PALABRA?

Debemos ser obedientes a la Palabra de Dios y conformar nuestra vida a ella. La Palabra es la que hace la obra y la obediencia es el método de protección de Dios para salvaguardar nuestras vidas. No es correcto ni bueno poner una excusa, pretexto o circunstancia por encima de la Palabra de Dios.

Este concepto lo entendemos muy bien para diversas áreas de nuestra vida como las finanzas, la fe, la salud. Pero cuando llega el matrimonio de pronto nos es imposible obedecer y empezamos a justificarnos pensando, o diciendo: «En estas circunstancias es imposible aplicar la Palabra de Dios». Tristemente, muchas veces hacemos eso, pero si somos valientes y esforzados para poner por obra la Palabra de Dios, gozaremos y cosecharemos de la obediencia a ella.

¿Por qué es importante poner la Palabra de Dios por sobre todo? ¡Porque el mundo lo necesita! El mundo necesita que nosotros, la Iglesia de Cristo, se levante y sea esa luz que rompa con esta terrible oscuridad moral en la que estamos viviendo en estos días. Conociendo la luz, nosotros somos los primeros que tenemos que vivir en la verdad. El mundo está esperando la manifestación de los hijos de Dios.

Cristo es el modelo más genuino de la hombría. Recordemos que hombría y semejanza a Cristo son sinónimos. Jesús fue 100% hombre y 100% Dios, y en toda esa hombría que Él tenía, entregó su vida por la humanidad.

Las opiniones distorsionadas que se escuchan acerca de lo que es la familia y el matrimonio se debe a que el cristiano no ha estado brillando, y no ha estado mostrando el modelo bíblico para la familia.

UN BUEN MATRIMONIO TIENE DIRECCIÓN

Nosotros, los hijos de Dios, tenemos una gran responsabilidad de vivir en la verdad; de lo contrario, la siguiente generación no va a tener el camino claro. ¿Qué sucede con la familia? Normalmente, y desde siempre, ha sido papá, mamá e hijos, pero sucede que ahora, familia puede ser mamá sola con hijos, o papá solo con hijos. Ahora, tus hijos pueden nacer en vientre alquilado y quizás a través de una donación de esperma de una persona que jamás conociste, pero que tiene las características que tú quieres para tu hijo. ¿Te das cuenta cómo ha distorsionado el hombre la creación de Dios de modo que ya no se necesita un pacto matrimonial para poder tener descendencia?

Dios es un Dios generacional, pero el diablo ataca todas las esferas de nuestra vida para que no vivamos según este Dios generacional. La Iglesia tiene que despertar, tú, como parte de la Iglesia, tienes que decir: «No voy a permitir que lo que Dios creó se siga destruyendo. Voy a ser una persona que levante el estándar que el Señor quiso dejarnos cuando creó a la familia».

Los hijos llegan a ser parte de las normas establecidas en la familia, a ser parte de esto que nosotros hemos diseñado como visión de la familia. Desafortunadamente, cuando llegan los hijos, ellos empiezan a dictaminar con su comportamiento cuáles son los valores de la familia. Ya no son los padres, y se empiezan a escuchar frases como: «Hay que hacer esto porque el niño lo quiere» y, en consecuencia, la familia se convierte en un hogar «niñocéntrico». ¡Hay amores que matan!

Si una familia no determina en el pacto las funciones y una dirección tú vas a «amar» a tus hijos y les vas a terminar dando el timón de la familia, y esa familia se va a destruir. Tus hijos necesitan encontrar reglas y papeles y necesitan encontrar un hogar bien constituido donde existan normas de ética y de moral. Tú tienes que marcarles a tus hijos: «A mí no me importa lo que el mundo haga, tú eres un González, y los González son benignos; deben tener excelencia de moral y excelencia de modales. No me interesa lo que digan los amigos, un González tiene una hora de salida y tiene una hora de entrada».

En este mundo postmoderno te dicen: «Solo tienes que ser amigo de tus hijos». Tus hijos van a tener muchos amigos, pero van a tener un solo papá y una sola mamá; los hijos necesitan a padres que estén en su casa y que en el momento oportuno les digan «apaga la computadora», «apaga la televisión», «se come con la boca cerrada», «saluda a las personas adultas» y muchas cosas más que ya sabemos que estamos en la obligación de decir. ¿Desde cuándo los hijos determinan lo que es bueno y lo que es malo? Ellos necesitan que los padres establezcan una cultura moral en el hogar.

¡LA FAMILIA ES UN DISEÑO DE DIOS!

Dios fue el que diseñó y el que creó a la familia. ¡Génesis empieza con una familia! ¡Empieza con un matrimonio! Pero es importante señalar que ustedes son una familia desde que se casan, no se convierten en una familia solo desde que empiezan a llegar los hijos. Eso no es así. Los esposos sin hijos ya son una familia, y cuando llegan los hijos estos se están añadiendo a la familia.

¿Recuerdas dónde hizo Jesús el primer milagro? ¡Exactamente: en un matrimonio! ¿Y sabes en qué va a terminar el final de nuestros días? ¡En una boda! Allí, en las bodas del Cordero, ustedes y nosotros seremos protagonistas con el novio. ¿Qué se desprende de aquí? Simplemente que no podemos menospreciar el matrimonio y la familia. Es el modelo de Dios y es el agente de inspiración de nuestra comunidad de cómo es el amor del padre en la familia y cómo se expresa la relación entre Cristo y la Iglesia. Todos tenemos el derecho de vivir en una familia según el plan de Dios.

¡Qué hermoso y perfecto es el plan de Dios! No podemos levantar a nuestras familias según el modelo del mundo. Tenemos que hacerlo, cueste lo que cueste, según el modelo de Dios. Sé que a veces dan ganas de salir corriendo ¡y seguro que es así! Pero, personalmente, en esos momentos pienso en mis hijos, en mis nietos, en todo ese amor por mi descendencia y en la responsabilidad que Dios me dio al poner cada una de esas semillas en mi vientre. Eso me hace levantar la cara, sonreír y decir ¡vamos para adelante! Recuerda siempre que Dios está interesado en que tu familia pueda tener éxito.

Dios nada hace por casualidad, Él todo lo hace con un propósito. Recordemos otra vez la declaración de Dios: «El hombre deja a su padre y a su madre, y se une a su mujer, y los dos se funden en un solo ser». ¿Crees que cuando Dios les dio a Adán y a Eva esta declaración fue porque solamente se escuchaba bonito? Cuando Dios creó el matrimonio estaba diseñando una estrategia para decirle al mundo —a este mundo que eventualmente lo desobedeció— cómo es su amor. Cuando hay hijos, el amor del padre manifiesta el amor de Dios Padre; cuando tenemos una relación pobre con nuestros padres ¡tenemos tantas dificultades para relacionarnos con Dios Padre!

Pero era el diseño de Dios a través del modelo de matrimonio y familia: «Yo voy a estar presente sobre la tierra». Y cuando Dios diseñó tu matrimonio no fue para que lo pasaras lindo sino que fue para que su amor estuviera presente sobre la tierra. Por eso ya no se trata de la vida acerca de mí sino que se trata ¡acerca de Dios!

Cuando a Jesús le preguntaron cuál era el mandamiento más importante, respondió: «Ama al Señor tu Dios con todas tus fuerzas, con toda tu mente con todo tu corazón». E inmediatamente añadió: «Y el segundo es semejante, ama a tu prójimo como a ti mismo».

Dios está en un proyecto, en un plan bien hecho, y Él no te salvó para que tú tengas la casa más linda, el carro más rápido y las vacaciones más exhuberantes. Por supuesto que Él desea prosperar tus caminos y desea que tengas tiempos en familia y darte los deseos de tu corazón. ¡Nadie duda que Él quiera eso! ¡Pero no fue para eso que te salvó! Él tiene una agenda, y en esos planes está tu matrimonio, para que tus amigos, tus vecinos y tus familiares se den cuenta de que Dios existe, de cómo se relaciona Cristo y la Iglesia y de cómo el Padre ama a los hijos.

Asume tu responsabilidad como hijo de Dios. Así como Cristo entregó su vida, entrégala tú también. Pero recuerda que después de toda muerte viene la resurrección. Después de todo viernes de sufrimiento siempre vendrá un domingo de resurrección. Dios honra a los que le honran, y si haces tu parte cueste lo que te cueste, al final quien va a salir favorecido eres tú mismo, porque Dios no es deudor de nadie.

LO GENUINO SIEMPRE SE EVIDENCIA

Yo no deseo que nada me duela ¿no es así? Entonces me voy a encargar de cubrir el corazón de mi esposo. ¿Hace cuánto tiempo que no te propones sorprender a tu cónyuge adelantándote a sus necesidades? Podrías tener su ropa lista sobre la cama cuando él salga de la ducha. Cuando ella se levante, podría encontrarse con el riquísimo desayuno que tú le has preparado. Quizás sean cosas que parezcan insignificantes, pero te aseguro que traen mucho gozo al corazón.

Muchas veces queremos hacer grandes campañas para mandar dinero a otros continentes, pero así como tú tienes esa gran ilusión de alimentar a los niños pobres de otro continente, o así como quieres solucionar los problemas de cierta gente de otro país, ten esa misma pasión y esa misma entrega para hacer algo por tu cónyuge, ten esa misma voluntad para hacer algo por tus hijos.

¿Hace cuánto tiempo que no les llevas el desayuno a la cama a tus hijos limitándote a contemplarlos? ¿Qué te parece si les dices: «¡Te amo tanto!» o «Eres el regalo más hermoso que Dios me dio» o «Nunca podrás hacer nada tan terrible que apague este inmenso amor que siento por ti»?

Vuelve a sentir esta conexión con ellos. Míralos fijamente a los ojos y entrelázate con sus espíritus. No dejes que la prisa te haga dar órdenes tras órdenes: «Termina tu comida rápido», «Ponte la pijama», «Apaga la televisión» o la clásica y contradictoria orden de los domingos por la mañana: «¡Apúrate porque se nos hace tarde para ir a la iglesia!». Y después nos preguntamos por qué nuestros hijos están tan rebeldes.

Siempre será lo genuino lo que se reproduzca. En este mundo postmoderno nos podemos dar cuenta que las cirugías plásticas son parte de nuestra cultura. Hay hombres o mujeres que nacen con una nariz aguileña, se hacen la cirugía y terminan con una nariz espectacular.

Pero ¡oh sorpresa! Pasa el tiempo y estas personas que se arreglaron la nariz se casan, tienen hijos y... mmm... la pregunta que empieza a flotar en el ambiente es: «¿A quién habrá sacado esa nariz?».

¡Lo genuino y lo verdadero se evidencian! Si tú dices que tienes un hogar cristiano, déjame ver dónde están tus hijos para comprobar si lo que confiesas va paralelo con la forma como ellos se desenvuelven en la vida.

Así es. Siempre es lo genuino lo que se va a reproducir, por eso es tan importante que decidas madurar y cambiar esos temas que tienes pendientes porque «me irrita, me molesta y me fastidia cómo es mi esposa o es mi esposo».

¿No es increíble todo lo que había detrás de ese día en que dijiste: «Sí, prometo»? Ni te imaginabas esto cuando miraste a esa muchacha tan linda o a ese muchacho tan guapo y exclamaste: «¡Claro que me quiero casar contigo!». Ahí Dios seguía elaborando un plan para la eternidad. Dios estaba elaborando algo perfectamente diseñado para trabajar en la vida de ustedes, en la vida de sus hijos y hasta en la vida de la comunidad.

Recuérdalo y grábalo en tu corazón: Dios no creó el matrimonio para hacernos felices, Dios creó el matrimonio para que maduremos espiritualmente.

DIOS AMA, NOSOTROS AMAMOS; DIOS DA, NOSOTROS DAMOS

Cuando Dios dijo que no era bueno que el hombre estuviera solo, no se trataba de una declaración cualitativa. Una declaración cualitativa es: «No es bueno que cuando pasemos un video haya mucha luz». Esto no tiene nada de moral, es simplemente cualitativo.

En cambio, cuando Dios dijo: «No robarás» o «No mentirás», estaba emitiendo una declaración moral. Cuando Dios dijo: «No es bueno que el hombre esté solo», estaba haciendo una declaración moral: no es bueno que yo viva solo, egoístamente, pensando solamente en mis objetivos, en mis diseños, en lo que yo creo. Dios nos creó con la misma capacidad de Él para amar y dar. Dios es un Dios que ama y que da. Igualmente, yo tengo la capacidad para amar y dar. Mi esposa también tiene la capacidad para amar y dar.

Nos tocó atravesar en un momento de nuestras vidas una circunstancia difícil cuando el papá de Milagros estuvo enfermo, y éramos nosotros quienes lo cuidábamos. En ese contexto, Milagros me dijo: «Guillermo, tenemos una buena cantidad de millas acumuladas, así que me gustaría traer a mis hermanos para que visiten a mi papá». Milagros me dijo eso con toda su emoción de hija y hermana; sin embargo, a mí me tocó contestarle de una manera más analítica:

«Milagros, tú estás sugiriendo traer con esas millas a tus hermanos para que vean a tu papá. Sin embargo, yo estoy reservando esas millas para regresar a nuestras hijas de Perú a su universidad (en Estados Unidos). Entonces, si tú usas eso, el ahorro que tenemos para comprarles el auto a las chicas, voy a tener que utilizarlo para comprarles el pasaje de regreso a su universidad».

Yo estoy trabajando objetivos, no estoy involucrando emociones. Estoy pensando: *Hemos hecho un plan, tenemos un presupuesto, vamos a trabajar esto.* Ella está pensando con emoción: *Mi papi está delicado, tal vez sean sus últimos días, así que voy a traer a mis hermanos para que vean a mi papá ya que tengo esta posibilidad con las millas acumuladas.*

Yo estoy siguiendo un plan concreto que tiene que ver con los aho-rros para el auto de las chicas. Entonces... ¿qué hacemos? ¿Tendrá ella la razón? ¿La tendré yo?

Si ustedes procuran acercarse cada día más a ese Dios de amor y de bondad, no duden en que las más difíciles situaciones podrán ser resuel-tas. ¡Nosotros pudimos resolver esta situación! Caminar en común acuerdo es hacer las cosas a la manera de Dios, pero se requiere —como ya hemos dicho— de una renuncia personal y de una entrega total.

EVITEMOS EL DESAMOR Y LA DESHONRA

Me encanta cuando mi esposo dice: «Yo pongo la gasolina en el auto porque no quiero que tú lo hagas». ¿Qué está haciendo él? ¡Me está protegiendo! Cuando viene el jardinero o cualquiera que hace mante-nimiento a la casa ¿quién sale a atenderlos? Muchas veces nosotras porque ellos dicen: «Anda a ver las cosas de la casa». ¿Pero sabe qué es lo heroico? Que él diga: «Deja mi amor, yo voy a lidiar con los hombres que vienen a trabajar a esta casa».

La protección y cobertura que tú, hombre de Dios, le das a tu esposa es muy importante.«No le hables así a tu mamá, a tu mamá se le respeta y se le valora». «Yo voy a protegerte en todo momento y en todo tiempo y voy a cuidar de que tus hijos te amen y te respeten porque tú eres la mujer de mi pacto». Esas son palabras que manan de un hombre confor-me al corazón de Dios. Entonces, en vez de hacer coro con la risa de los chicos porque a mamá no le salió bien algo, lo que hace el padre y espo-so ejemplar es poner un alto y hacer respetar a la mujer de su pacto.

¿Cuál sería la reacción de la esposa en ese momento? «¡Me está pro-tegiendo!». Siempre tenemos que recordar que la esposa necesita amor, protección y ser valorada. ¿Qué te parece si para la próxima, amado hom-bre de Dios, tienes expresiones como las siguientes para tu esposa?:

«¡Qué rico cocinas!».

«Creo que esta casa no podría andar sin ti».

«Aprecio lo que haces, quién eres y la forma como cuidas a los niños».

«Es invalorable el esfuerzo que haces por la familia, te amo con todo mi corazón».

¿Crees que una mujer que es tratada de esta manera en su casa no se va a someter a la autoridad de su esposo y lo seguirá a donde sea que vaya?

El hombre, a su vez, necesita ser honrado, valorado y admirado. Es bien difícil manifestar hombría cuando uno es criticado, burlado o cuando no estás dispuesta a hacerle caso a alguna instrucción o decisión que él pueda tomar. ¡Es bien difícil! Hay un ciclo de muerte en la vida de todos los matrimonios: el ciclo del desamor y de la deshonra.

Este ciclo es un círculo vicioso en el que cada elemento es dependiente del otro. Cuando una mujer encuentra que el esposo no la trata con amor, tiende a actuar en abierta deshonra hacia su marido. Asimismo, cuando él percibe que ella está deshonrándolo, actúa con una completa falta de amor hacia ella.

Debemos entender cuáles son las necesidades de cada uno para enseñarles correctamente a nuestros hijos ese camino que finalmente los va a llevar a perpetuar el mensaje de Dios.

Cuando hablamos de las cualidades del hombre y de la mujer no solamente nos estamos refiriendo a las cualidades de tu esposo o de tu esposa, sino que también se trata de la forma de ser de tus hijos varones o de las lindas hijas que estás criando. ¿Qué sucede cuando una niña es amada por sus padres? A las niñas siempre les gusta verse bonitas porque les gusta que les demuestren cuánto las aman.

La Palabra de Dios le demanda en todo momento al varón a amar a su esposa. No le dice al hombre: «Entiéndela» ¡porque a veces ni ellas mismas se entienden! Estimado caballero, ¿quieres una recomendación práctica que te va a facilitar el trato con las mujeres? Allí va:

No trates de entenderlas porque NO-LO-VAS-A-CON-SE-GUIR.

Solo concéntrate en amar a la mujer de tu pacto, y no intentes entenderla primero y después amarla. Si lo haces así nunca la amarás.

«La respuesta apacible desvía el enojo, pero las palabras ásperas encienden los ánimos». Lo que acabas de leer es un sabio proverbio que se encuentra en el capítulo 15 y versículo 1 del libro de Proverbios. Es una porción bíblica bastante sencilla de entender ¡pero cuán difícil es de poner en práctica! A veces el enojo, las palabras con un tono inapropiado y los regaños parecen ser el pan de cada día; no obstante, este pequeño principio puede cambiar por completo nuestras vidas.

Cuando una esposa regaña a su marido, normalmente está tratando de ayudar a corregir las cosas para mantener un equilibrio. Y no hay duda de que a veces los hombres necesitan esta clase de ayuda. Pero cuando el hombre empieza a sentir que lo que su esposa le dice lo reduce a la condición de un niño regañado por su madre, puede haber problemas. Él no necesariamente ve el corazón de su esposa; solamente oye sus palabras, que dicen que lo está menospreciando. Si parafraseamos Proverbios, él preferiría vivir en el desierto antes que con esta mujer irritante. Aunque muchas esposas no tienen la intención de faltar el respeto, sus esposos las ven como irrespetuosas.

A cierto número de hombres de negocios el doctor Emerson Eggerichs les hizo esta pregunta: «¿Les gustaría que sus colegas los amaran o los respetaran?». Todos ríen y dicen: «No podría importarnos menos si nos aman o no, pero ¿respetarnos? ¡Rotundamente!». Bien o mal, los hombres interpretan su mundo a través de las coordenadas del respeto, y un tono y expresión facial suaves pueden hacer por su matrimonio mucho más de lo que ellas pueden imaginar.[1]

PARA RESUMIR, PARA TERMINAR (Y A LA VEZ PARA VOLVER A EMPEZAR)

Hombres: amen y valoren a sus esposas, no traten de entenderlas.
Mujeres: honren y respeten a sus maridos, no traten de cambiarlos.

Estas dos ideas básicas pueden ayudarnos a empezar a construir una nueva imagen sobre el verdadero significado del matrimonio. Dos principios que contienen mucho poder si decidimos hacer las cosas unilateralmente; es decir, sin importar recibir nada a cambio, solo dando lo que nosotros tenemos que dar porque así lo prometimos en la ceremonia de bodas.

Pero recordemos que estas ideas básicas no son ocurrencia de los Aguayo ni de ningún otro pastor o psicólogo experimentado. Esto vino directamente de Dios y lo podemos ver en la carta que Pablo escribió a los Efesios:

> Como dicen las Escrituras: El hombre deja a su padre y a su madre, y se une a su esposa, y los dos se convierten en uno solo. Eso es un gran misterio, pero ilustra la manera en que Cristo y la iglesia son uno. Por eso les repito: cada hombre debe amar a su esposa como se ama a sí mismo, y la esposa debe respetar a su marido. (Efesios 5.31–33)

Es imposible que las cosas estén más claras: primero, la relación del hombre con sus padres queda desplazada por una relación más alta; es decir, su lealtad a su esposa. Luego, se une a ella. Inmediatamente después se convierten en uno solo.

Solo meditando, entendiendo y adoptando este versículo 31 nuestra vida matrimonial puede cambiar. Si recordáramos a menudo la ley de Dios, ¿no crees que gran parte de nuestros problemas matrimoniales se acabarían? Solo con esta pequeñísima porción de la Palabra de Dios dejaríamos atrás los problemas con los suegros y otras tantas controversias en nuestro matrimonio.

Hay muchísimas más cosas buenas que Dios quiere para nuestros matrimonios y que las podemos encontrar en su Palabra. Todo radica en una verdadera obediencia y en nuestros deseos sinceros y valientes de hacer un matrimonio de acuerdo a los estándares de quien lo creó.

Finalmente, nos gustaría recordarte el primero de los tres propósitos que Dios tiene para esta unión conyugal: tu matrimonio no persigue hacerte feliz a ti sino que tiene como propósito que madures espiritualmente.

Busca satisfacer las necesidades de tu cónyuge a expensas de las tuyas y verás cuán abundantes serán las bendiciones para tu matrimonio. Recuerda siempre que el amor que no se expresa es como el regalo que no se da.

¡Dejen que caiga sobre ustedes el poder del amor!

¿Están dispuestos?

NOTAS

Capítulo 1

1. Edwin Louis Cole, *Los dichos de Ed* (Códigos de Vida, 2008), p. 89.

Capítulo 2

1. Craig Hill, *Pacto: Amor incondicional*, Manual de Estudio (Littleton, CO: Family Foundations International, 2003), p. 7.
2. Edwin Louis Cole, *Hombría 101* (Way of Life S.R.L., 2002), p. 7.

Capítulo 3

1. Leo Godzich, *¿Está Dios en tu matrimonio?* (Way of Life SRL, 2003), p. 5.
2. James Dobson, conferencia «Enfoque a la Familia: ¿Dónde está Papá?», grabación disponible en YouTube, https://www.youtube.com/watch?v=V5eXLLOfE20, subido 21 febrero 2012.

Capítulo 4

1. Algunos datos (como el origen griego de cada fruto) en la discusión del fruto del Espíritu a continuación fueron obtenidos de Beth Moore, *¡Al fin libre! Un estudio del fruto del Espíritu* (Nashville: LifeWay, 2002).
2. John C. Hunter, *La paradoja* (Rocklin, CA: Ediciones Urano, 2002), p. 54.
3. Íbid., p. 55.
4. Íbid., p. 93.

Capítulo 5

1. Bill y Pam Farrel, *Los hombres son como waffles, las mujeres como espaguetis* (El Paso: Mundo Hispano, 2008).
2. James Dobson, *Cómo criar a los varones* (Miami: Unilit, 2002), pp. 19–20.
3. Íbid., pp. 21–22.

Capítulo 6

1. Dr. David Stoop, *El perdón de lo imperdonable* (Miami: Unilit, 2006), pp. 21–22.
2. Ibíd., pp. 135–136.
3. Ibíd.

Capítulo 9

1. Dr. Emerson Eggerichs, *Amor y respeto* (Nashville, TN; Grupo Nelson, 2010), p. 57.